热烈庆祝富川瑶族自治县成立四十周年

富川文史特辑

富川传统村落镜象

古道遗珠

富川政协　主编

团结出版社

图书在版编目（CIP）数据

富川传统村落镜象：古道遗珠 / 富川政协主编. --
北京：团结出版社，2023.6
ISBN 978-7-5234-0152-1

Ⅰ.①富… Ⅱ.①富… Ⅲ.①村落—介绍—富川瑶族
自治县 Ⅳ.①K926.75

中国国家版本馆CIP数据核字(2023)第087141号

出　　版：团结出版社
　　　　　（北京市东城区东皇城根南街84号　邮编：100006）
电　　话：（010）65228880　65244790
网　　址：www.tjpress.com
E－mail：65244790@163.com
经　　销：全国新华书店
印　　刷：四川科德彩色数码科技有限公司
开　　本：787mm×1092mm　1/16
印　　张：16.875
字　　数：260千字
版　　次：2023年6月第1版
印　　次：2023年6月第1次印刷
书　　号：ISBN 978-7-5234-0152-1
定　　价：75.00元

编 委 会 人 员 名 单

编 撰 人 员 名 单

总 策 划	尹 哲　胡德珺
主 任	唐先秋
副 主 任	何小方　甘 愉　杨 婕　黄世幸
	周海林　麦长莲　邹 勇
编 委	莫善兰　徐艳荣　杨宏健　李 俊
主 编	杨 婕
副 主 编	莫善兰　徐艳荣　李运翠
总 编 撰	何 佬　黎家志
撰 稿	何 佬　黎家志　罗晓玲　黄忠美
	林振玉　唐春林　何宪生　唐懿芬
	钟荣胜　首得龙　邱桂芳　池惠琼
	刘 阳　吴妹果　陈雪梅　莫照萍 等
美 术 编 辑	孟 菲
封 面 题 字	周海林
绘 画 提 供	龙建辉　周海林　何 明　等（详见署名）
图 片 提 供	富川住建局　龙琦东　李成华　等（详见署名）

留住美丽乡愁 赋能乡村振兴

编者

　　富川是一片神奇的土地，自古就有"富丽山川"之美誉。千年潇贺古道穿行在富丽山川之间，中原文化、湘楚文化与百越文化和岭南文化在这里融合，与瑶族文化交相辉映，形成了富川独特的"瑶风楚韵"的地域文化。

　　潇贺古道是祖先留给富川最宝贵的财富，也是富川最具竞争力的文化软实力。时至今日，潇贺古道富川段的人文遗存仍是最丰厚的，沿途的古道路、古桥梁、古村落、古城堡、古凉亭、古塘渠、古关隘、古营盘、古战场、古民窑、古驿站、古街圩、古戏台、古书院、古庙宇等遗存遍布山乡。有全国重点文物保护单位马殷庙和瑶族风雨桥群等；有国家级非物质文化遗产瑶族芦笙长鼓舞和瑶族蝴蝶歌等；还有35个自治区级、27个国家级传统村落、3个中国历史文化名村和4个中国少数民族特色村寨。是广西拥有中国传统村落最多的县（市、区）。经国家财政部、住房和城乡建设部组织专家评审，富川成功入选2022年全国传统村落集中连片保护利用示范县。

　　富川古村落融自然山水、传统道德、乡风民俗、建筑理念于一体，具有重要的历史、文化、建筑、艺术、旅游等价值，在我国南方古村落中占有重要位置。无论从文化传承的角度，还是乡村振兴的需要，富川古村落都是一笔不可估量的

财富，是富川经济社会发展的宝贵资源。

传统村落是农耕文明时代的重要文化载体，习近平总书记多次强调，建设美丽乡村"不能大拆大建，特别是古村落要保护好"；要"注意乡土味道，保留乡村风貌，留得住青山绿水，记得住乡愁"。

近年来，富川传统村落保护、利用力度空前，成效显著。一是出台了《富川瑶族自治县传统村落保护与发展暂行办法》；二是成功入选2022年全国传统村落集中连片保护利用示范县；三是打造了一批古村落保护与发展的示范样板。其中岔山村入选第一批全国乡村旅游重点村名录和五星级乡村旅游区，秀水、福溪、深坡、毛家、罗丰、涝溪源等被评为四星级乡村旅游区和自治区级民俗休闲旅游示范点等等。

富川传统村落保护和发展的良好态势，不仅激发出了乡村发展的新活力，更为描绘"看得见山、望得见水、记得住乡愁"的美好画卷添上了浓重的一笔。

一路山水美景、一路民俗风情、一路访古探幽、一路特色产业……潇贺古道富川段已成为一条致富之路。"古"与"新"的结合，一个个古村落，正以其独有的南岭民俗文化特色，为乡村振兴注入强劲动力。

产业兴旺、生态宜居、乡风文明、治理有效、生活富裕，这是实施乡村振兴战略的总要求。保护古村落，就是落实这一重大战略部署的重点。我们要遵循"创新保护、科学发展"的理念，把古村落保护与乡村振兴有机融合起来，坚持保护与发展并重的原则，把富川丰厚的民族文化优势，转化为独特的发展优势和品牌优势，为旅游赋予文化的内涵，让旅游披上文化的盛装；以乡村旅游促进乡村振兴，推动一二三产业深度融合发展。

今后，富川要以创建全国传统村落集中连片保护利用示范县为抓手，以"传

▼ 秀水写生画（黄格胜／绘）

统村落集中连片整体发展"为引擎，将文旅发展作为县域产业发展的重点，将传统村落保护利用作为撬动文旅融合推动县域高质量发展的重要支点，将富川古村落的保护和开发以及古村落遗产文创项目列入乡村振兴建设项目中。结合各传统村落资源禀赋，分类保护利用，打造"有文化、有故事"的特色旅游片区，构建潇贺古道民俗风情体验文化旅游带和特色产业带，不断促进历史建筑的活化利用和县域传统村落及乡村地区整体发展，进而构建潇贺古道新经济带。

一条潇贺路，半部岭南史；几座古村落，满载故乡情。潇贺古道上的传统村落，不仅仅是绵延了千年的民居和建筑，更是家国沧海桑田变迁的见证和民族文化赓续的丰碑，也是富川儿女心中永远不变的情怀和乡愁。每座古村落都是一部厚重的书。富川传统村落记载着中华五千年农耕文明，记载着国民的集体乡愁，是中华民族珍贵文化的基因库，是文化遗产的一种血脉相连的生命机体。她的每一方文物，都在展示着富川悠久的历史；她的每一块石板，都在向人们讲述着一段精彩的历史典故；她的每一处残垣，都在传唱着一段感人的乐章。走进富川，走进古村，仿佛进入了历史的长河，享受着千百年来中华文化留下的一个个动听的童话故事……

我们要以文化为媒讲好富川故事，展现真实、立体、全面的富川，让每一个走进富川的人都能感受到富川的历史文化魅力和现实力量。

留住美丽乡愁，绘就诗和远方。赓续传统村落文化，让世界听见民族的声音；发展乡村特色旅游，让绿水青山变成金山银山。

加强传统村落保护 重塑古道遗珠风采

富川传统村落保护与发展领导小组办公室

潇贺古道像一条古老的金丝线，绣缀着富川古村落的遗珠，历经千年依然璀璨。潇贺古道上的古村落，是富川这方县域远去的朦胧背影，或者说，她就是富川这座桂粤湘三省边城的母亲，历经沧海桑田依然唯美。

富川传统村落是中华农耕文明的结晶，不仅数量众多、分布广泛，而且历史积淀深厚、文化个性鲜明。走进富川，映入眼帘的是一座"没有围墙的古村落博物馆"，这些古建筑、古民居的完好度、精美度，让外来者为之沉醉，流连忘返。

富川传统村落大多始建于明清时期，有的可追溯至唐宋时期。这些村落之所以能保存至今，就在于其具有鲜明的历史风貌、优美的自然生态环境、科学的人文景观布局、浓郁的少数民族风情。

目前，富川瑶族自治县共有国家级传统村落27个，自治区级传统村落35个，是广西中国传统村落数量较多的县区之一。其中，中国历史文化名村3个，中国少数民族特色村寨4个。

近年来富川县委、县人民政府高度重视传统村落保护、传承和发展工作，严格遵循乡村发展规律，注重生态价值与经济文化价值相结合，积极探索传统村落保护新模式、新方法，着力构建美丽和谐古村落生态系统。富川成功入选2022年全国传统村落集中连片保护利用示范县。中国传统村落岔山村入选第一批全国乡村旅游重点村名录和五星级乡村旅游区，富川秀水、福溪、深坡、毛家、罗丰等被评为四星级乡村旅游区和自治区级民俗休闲旅游示范点等等。

▼ 秀水写生画（黄格胜／绘）

今年正值中国传统村落保护名录制度建立10周年，如何把握成功创建全国传统村落集中连片保护利用示范县的新契机，将传统村落保护与乡村振兴这项中心工作有机融合，是摆在全县广大领导干部面前的一个新课题。

作为示范县，要坚持以人民为中心的发展思想，严格落实主体责任，切实把维护广大农民根本利益、满足农民美好生活需要、促进农民共同富裕作为示范工作的出发点和落脚点。要严格遵循乡村发展规律，注重地域特色，尊重文化差异，因地制宜科学合理确定示范目标任务。要坚持县域统筹，科学整合政策资源和社会资金，盘活乡村特色资源，形成以传统村落保护利用推进乡村全面振兴的有效方法路径，为弘扬和传承优秀传统文化，全面推进乡村振兴作出新贡献。

总体目标：通过中央与地方，村民与社会共同参与，力争通过三年时间，使我县列入中国传统村落保护名录村落防灾安全保障、日常保护管理等机制基本健全，基础设施水平得到明显改善，历史建筑和传统风貌得到有效保护。逐步增强传统村落保护发展的综合能力，使其成为展示新农村建设统筹城乡发展成果的样板示范点。

习近平总书记多次强调，要因地制宜、因势利导，把传统村落改造好、保护好，让人们记得住乡愁，让中华优秀传统文化生生不息。我们要继续大力推进传统村落保护和发展，持续改善其基础设施、公共服务设施和人居环境，保护、利用好历史文化遗产，传承和弘扬乡土文化、地域文化，以文化振兴激发村落内生动力，加快打造一批集山水美景、田园风光、乡愁技艺、现代产业、宜居生活于一体的特色田园乡村示范区。

一是准确定位、科学规划产业。要按照"深度保护、合理利用"原则，把传统村落的文化遗产传承好、保护好，把优势的旅游资源挖掘好、利用好。既体现出历史价值、文化价值，又发挥好生态效益、经济效益。要因地制宜，突出特色，做好环境绿化，准确定位产业，保持规划建设的整体性、持续性，以完善功能配套、带动产业发展为重点，深入挖掘传统村落的历史文化底蕴，努力形成特色、做出精品。

二是用心打造精品个性景区。要按照"村村有特色"原则，高标准打造秀水、福溪、岔山、深坡等乡村旅游重点村和五星级乡村旅游区，进而把一批国家级传统村落建成国家4A和3A级景区，形成辐射带动效应，带动村民致富、赋能乡村振兴。

三是大力弘扬传播传统文化。通过设立展馆、培养传承人等方式，挖掘富川古村中的各种手工艺和民俗文化，将维修后的古祠堂、古建筑打造利用为"村史馆""民俗馆""文化展示馆"等，通过节庆活动等展示瑶族蝴蝶歌和长鼓舞等国家级非遗项目，让传统文化在展示和表演中得到进一步传承和传播。

四是注重多种特色业态发展。要聚焦古村特色，大力发展多种业态。比如吸引瑶锦瑶绣、瑶医瑶药、竹编藤编、瑶族美食等传统技艺，升华为文化创意产业进入古村，发展文创基地，做到保护和利用并重；充分发挥富川古村落数量庞大的优势，坚持走差异化路线，发展真正的古村落民宿。

为推进传统村落保护和乡村振兴深度融合，我们还要充分运用网络、信息、新媒体等数字化手段，建立以村落概括、传统建筑、民俗文化、村志族谱等为引导建设，集权威性、知识性、趣味性、实用性于一体的"传统村落数字博物馆"，全方位、多角度、深层次展示传统村落文化禀赋、自然生态、人文风貌，真正使传统村落文化活起来，从而助推乡村旅游、实现乡村振兴。

值此富川瑶族自治县即将成立四十周年之际，我们出版了这本《富川传统村落镜象：古道遗珠》，内容涵盖各古村落概况、历史沿革、民俗文化、民族风情、名胜古迹、山水风光、资源特色和产品优势等方面。

该书图文并茂，内容翔实，语言通俗，考据准确，具有一定的史料价值和文化价值。该书的出版，有助于宣传富川古村落的历史价值、文化价值和保护意义，对传承和弘扬中华传统文化有着重要的意义。

▼ 秀水写生画（黄格胜／绘）

富川瑶族自治县现有省（自治区）级以上传统村落名单

富川瑶族自治县2022年入选全国传统村落集中连片保护利用示范县。目前拥有中国传统村落27个，自治区传统村落35个；其中历史文化名村3个，中国少数民族特色村寨4个。

朝东镇

1. 秀水村　第四批国家历史文化名村；第一批中国传统村落；第一批自治区传统村落

2. 福溪村　第六批国家历史文化名村；第一批中国传统村落；第一批自治区传统村落；中国少数民族特色村寨

3. 岔山村　第五批中国传统村落；第二批自治区传统村落

4. 油沐大村　第五批中国传统村落；第二批自治区传统村落

5. 东水村　第五批中国传统村落；第二批自治区传统村落

6. 朝东村　第二批自治区传统村落；第六批中国传统村落

福利镇

7. 毛家村　第四批中国传统村落；第二批自治区传统村落

8. 留家湾村　第四批中国传统村落；第二批自治区传统村落

9. 红岩村　第四批中国传统村落；第一批自治区传统村落

葛坡镇

10. 深坡村　第二批中国传统村落；第二批自治区历史文化名村；第一批自治区传统村落；中国少数民族特色村寨

11. 谷母井村　第四批中国传统村落；第三批自治区传统村落

12. 义竹村　第四批中国传统村落；第二批自治区传统村落

石家乡

13. 龙湾村　第四批中国传统村落；第三批自治区传统村落

14. 城上村　第四批中国传统村落；第二批自治区传统村落

15. 石枧村　第四批中国传统村落；第二批自治区传统村落

城北镇

16. 凤溪村　第四批中国传统村落；第一批自治区传统村落；
　　　　　中国少数民族特色村寨
17. 狮山村　第二批自治区传统村落
18. 马山村　第三批自治区传统村落

白沙镇

19. 木江村　第二批自治区传统村落
20. 檠田下村　第二批自治区传统村落

莲山镇

21. 大莲塘村　第二批中国传统村落；第一批自治区传统村落
22. 下坝山村　第二批自治区传统村落；第六批中国传统村落

古城镇

23. 秀山村　第五批中国传统村落；第一批自治区传统村落；
　　　　　第七批国家历史文化名村
24. 丁山村　第五批中国传统村落；第二批自治区传统村落

富阳镇

25. 茶家村　第五批中国传统村落；第二批自治区传统村落
26. 大围村　第一批自治区传统村落

柳家乡

27. 茅樟村　第四批中国传统村落；第二批自治区传统村落

新华乡

28. 虎马岭村　第一批中国传统村落；第一批自治区传统村落；
　　　　　中国少数民族特色村寨

麦岭镇

29. 村头岗村　第二批自治区传统村落；第四批中国传统村落
30. 高桥村　第四批自治区传统村落；第六批中国传统村落
31. 宝剑村　第四批自治区传统村落；第六批中国传统村落
32. 小田村　第四批自治区传统村落；第六批中国传统村落
33. 栎坠岗村　第四批自治区传统村落
34. 长广村　第四批自治区传统村落
35. 小溪村　第四批自治区传统村落

目 录

▲ 富川古村民居特色："飞檐翘角马头墙，玉题干栏万字窗。素瓦灰墙斜山顶，龙头凤尾伴太阳。"特色彰显，乡愁浓郁，品味高尚。

第一章

潇贺古道醉流霞

千年秀水 华夏乡愁

——中国历史文化名村秀水村

▼ 庭院深深（贺文胜／摄）

古村推介词 *gucun tuijieci*

秀水村推介词

秀水状元村，一个以科举文化兴盛而闻名的岭南古村落。

先后涌现出一名状元，26名进士，50名举人。是第一批中国传统村落；第四批中国历史文化名村。

2014年中央电视台在全国挑选100个历史文化名村向世界推介，秀水村入选排名26位。为此，2015年2月18日央视国际新闻频道在《记住乡愁》栏目中以《崇贤重教读书明礼》为题，用了40分钟来推介秀水。央视栏目导演说："五十年前，像秀水这样的原生态古村落在中国可能会找到很多；二十年前，能见到秀水这样一个保存完好的古村落，已经是重大发现；到今天，能见到一个像秀水这样存活了1300多年的原始淳朴古村落，真的是我们的运气。"

▼ 秀水风貌

古村文档 gucun wendang

▲ 秀水前景（龙琦东 / 摄）

一、地理位置

秀水村位于富川瑶族自治县西北部的朝东镇境内。东经111°08′23″～111°11′14″，北纬24°53′48″～25°09′06″，村委会距富川瑶族自治县县城29千米，距朝东镇人民政府2千米。西北部与湖南省江永县桃川镇相邻，东南部与朝东镇人民政府驻地相接。

二、历史沿革

根据《富川县志》（光绪版）记载："毛衷浙之江山人，开元间以刑部郎知贺州，经富川语子曰吾归闲日将于此卜居，后卒于官。其季子傅卜筑秀峰以成衷志焉。"毛衷季子毛傅在该地立寨，取村名为"秀峰"，至今已将近1300年的建村历史。地处潇贺古道上的秀峰，贸易日渐繁荣，宋代时期设立"寨下市"。1952年行政

区划将"秀峰"改为"秀水"。

唐宋时期：秀峰属冯乘县（971年废冯乘）和富川县。县以下实行乡、村行政制度管理。

明：秀峰属富川县上乡九都，明末属富川上九都五排，县以下实行乡、都、村行政制度管理和都、排、村行政制度管理。

清：秀峰属富川县上九都五排，清末属富川上乡耀武团。县以下实行乡、团、村行政制度管理。

民国：秀峰属富川上乡耀武团，实行乡、团、村行政制度管理。民国21年属富川第二区，实行区、乡村、甲行政制度管理。民国23年属富川朝东区朝东乡，实行区、乡、村、甲行政制度管理。

新中国成立后：1950年，秀峰属富川第五区朝东乡。1952年秀峰更名为秀水，属富钟县第十四（朝东）区秀水小乡。1957年属富钟县朝东大乡秀水小乡。1958年，秀水属富钟县朝东超英公社朝东大队。1960年秀水属富钟县朝东人民公社。1962年秀水属富川县朝东公社，设秀水大队，下设生产队。1983年秀水属富川瑶族自治县朝东公社。1984年9月，秀水属富川瑶族自治县朝东镇，将秀水大队改为村民委员会，1985年至今，秀水村民委员会辖八房、石余、安福、水楼、小水5个自然村。

三、村落布局

秀水村村落选址环境极佳，走进秀水村，秀峰矗立，龙山蜿蜒，气势非凡，始祖将之取名为"秀峰"。 秀峰环村的群山，山形各异。西北面群山是毛公山，躺卧在湘桂交界处，绵延的山宛如一个仰卧在大地上的巨人，极似伟人毛泽东的睡姿。西

▼ 状元坪 张祖辉／摄

秀水三江涌浪（周海林／绘）

▲ 石鼓佳话（邓福生／摄）

南为大鹏岭，似一只向此飞翔的大鹏，鸟头就是当地毛氏家族安葬先祖毛衷的地方。东北面为青龙山、青龙湖、坦川岭、鸡嘴山连接之状如一条巨龙。北面为鳌山（形如象鼻，也称象鼻山）。村中为秀峰山，如笋冒尖，如笔出头。秀峰山、青龙山、鳌山（象鼻山）三峰鼎立；黄沙河、石鼓河、鸟源河三水汇入秀水河。奇峰挺秀，绿水环绕，素有"小桂林"之美称。秀水村庄依山傍水，气氛雄浑，民居古楼，鳞次栉比，纵街横巷，井然有序。其村落讲究"笔墨纸砚"的布局，村前的古道和弄、里的小巷，便是"笔"街；那伴随美丽榕树的池水，自然就是"砚"池；池水边常有大型的长条石供人歇息乘凉，那是条"墨"；其中不乏风水堪舆之学与五行相克之术亦蕴含其中。文物古迹繁多，文化底蕴深厚，使秀水集人文景观与自然景观融为一体，拥有世界最佳人居环境，华夏一流氏族风水，岭南最佳水乡风光，广西一流田园风情。是中国古代设村立寨宜居生活"天人合一"的经典诠释。

007

四、经典建筑

秀水村至今保存完好的明清时期的古民居300多座，其特点为徽派风格，湘楚特色，青砖墨瓦、飞檐翘角、马头骑墙。村前河滩广场、青石板街路，村中散建有序的一处鹅卵石花街大坪、二座古桥（江东石拱桥、登瀛风雨桥）、三座古戏台、四所宋代古书院（屋）和四座古祠堂、五座古寺庙、八座古门楼，九条古街巷、三百多座古民居形成了独特的人文景观。大家称之为"飞檐翘角马头墙，玉题杆栏万字窗，素瓦灰墙斜山顶，龙头凤尾伴太阳"，是南方罕见的民居"博物馆"。

五、历史文化

状元出游　为纪念状元毛自知的功德，　弘扬毛自知自幼勤奋读书、忠君爱国的思想，毛氏后人不仅为毛自知兴建了一座"状元楼"，而且每年还举行一次状元出游活动。

太尉出游　毛炳太尉系朝东镇秀水村的宋代举人。字文虎，倜傥不羁，好读书，欲以武显，柳州寇犯境，率童仆拒贼，贼退，州郡以名闻。授横、贵、廉三州都巡检使，后守钦州，交阯犯境，督兵与战，死之。事闻，朝廷嘉其节，赠安远军节度使、忠顺侯。侬智高反，将压贺城，炳显灵破贼，郡守闻于朝，赠太尉忠顺武烈公，立庙祀之。为纪念毛炳太尉的功德，秀水村每年还举行一次太尉出游活动。

（以上部分由黎家志整理）

▼ 秀水登瀛桥（陈务豪／摄）

追寻你远去的背影

——致状元毛自知

罗晓玲

在宋朝建的秀水村，出了一名状元叫毛自知。初听这个名字，我愣了愣，知人者智，自知者明的"自知"？毛自知的父亲，起这样一个名字，是要他的儿子做一个有自知之明的人么？毛自知高中状元，他到底是怎么个努力法？

好多的疑问，无从解答，生长在一千多年后的我，只得化作一次次的云游，徜徉在古巷里，抚摸秀水的一砖一瓦，从残留的余韵与气息中，去揣摩他的年代，他如痴如醉读书的样子，他气宇轩昂谈论国事的样子，他心中有逸气，笔下有清风的样子。

每次来到秀水村，最先听到的总是"哗哗哗"的流水声，一条清澈的河匆匆忙忙地往前赶，它仿佛要急着去追逐香樟林里的鸟语，就像我急着去追逐一千年前的那个身影。

高大婆娑的树摇曳着风，风里夹着流水的清冽和清脆的鸟鸣，沉缓的牛哞在河边悠然响起，这是一曲美妙的乡村协奏曲。当年的状元，是否也在晨雾氤氲水面之时，踏着石板路听着这样的天籁，到书院去读书？或者坐在河边的一块石头上，手持书卷，揣摩先贤的某句诗——逝者如斯乎，不舍昼夜？

村子有空旷大气的格局，在村中，大体量的明清建筑群构建了一种丰饶的美学，青砖黛瓦的房子鳞次栉比，飞檐翘角勾勒出时间的沧桑，光润的青石板路延伸出历史的悠远。

秀水村由水楼、安福、八房、石余4个自然村组成。如果从秀峰上往下望，远处是山高水远的辽阔与阡陌平原的空旷。近处四个自然村像伏地而梦的小兽，静静地守护着母体村庄。石鼓、鸟源、黄沙三条河经过独秀峰，在村寨前汇合成秀水河绕村流淌，流过状元楼、长寿井、东江桥、毛公桥、登瀛桥，一直向着远方奔去。山下是状元祠堂，一条光润的青石路从祠堂旁经过，顺着河流的方向，一直伸向村外。河那边有高大的香樟林、瞭望台。眼睛穿越樟树

▲ 毛自知画像、秀水进士堂（周海林／绘）

林与东江桥，可远眺到江那边的仙娘井、坦川庙。整个村庄澄怀和气，暗合着一种大气的格局。

毛自知是去哪座书院了，江东书院，还是鳌山书院？

在秀水村，历史上就有上山，山下、真君岩、对寨山、江东、秀峰六座书院，秀水处在三省通衢的重要地理位置，因此自然会有邻省邻县的读书之人慕名而来。

在秀水村的六座院中，江东书院是桂东最早的一所书院。书院建立的时间与数量，印证了秀水作为潇贺古道前沿村落，对中原文化，楚越文化、岭南文化的先承优势。这个村落位于潇贺古道进入富川境内的第二站，其优势自然别的村难以比拟的。六座书房（院）因战争破坏，年久失修，现在只保存着江东书院石碑一块。当我们站在石碑旁，仿佛能听到抑扬顿挫的读书声在诗院上空久久回荡。我想象着在诗院庄重的气氛中，状元诗人毛自知与诸秀水学者切磋诗艺，合韵联诗的情景。他们在阁楼上、樟树下、池塘边相与激辩、长歌互答、共议国事，妙趣横生。他们刻苦攻读的情景让村人迭迭赞赏，佳话频传。一代又一代的学风流传下来，就这样铸就了秀水村"读书继世，励精倡学"的蔚然风气。难怪自唐以来，秀水村就出了二十六位进士和一位状元，可谓地灵人杰。

走过秀峰山下的状元祠堂，沿着溪流往前走。有人说，一个村的溪流是一部流淌的族谱，但它记述的东西在源源不断地走远。我们只有在纸质的族谱上，才能浏览到一个家族固定的家史。《毛氏族谱》记载，宋代状元毛自知是毛宪之子，宋景德乙巳科进士毛元之孙，出身书香门第，自幼聪敏，从小就有科场拼搏，问鼎状元之志。终于，他力学不倦，1205年，毛自知终于得以问鼎状元。

言传在廷试对策时，他力排众议，慷慨陈词："言当乘机（时金为蒙古困扰）以定中原"，获宁宗大加赞赏，后自知与主战派平章军国事韩侂胄及苏师旦配合抗金，开启了有名的开禧北伐。

村民们在村里留了一块坪地，等到状元告老还乡之时兴建府第，然而开禧北伐的状元最终没有回来，愿望终究没有实现。后来族人为缅怀毛自知，一直让这块坪地空着，数朝数代从未动过。

沿着八房正门楼的小路探寻进去，你就能看到这块宽阔的平地，周围是排列着的明清古建筑群，两块残存的罩壁仍伫立在门楼前，呵，当年的毛自知与秀水的少年书生们，是不是从这个门楼打闹着出来，又钻到另一个门楼去？

曲折的青石板路将我带进更悠长的想象：自知叩击带着锈迹的铜锁，而门内无人应答，他失落返回，返回之时，仍不忘看看头顶上的蓝天，飞鸟，而后即兴赋诗一首，以慰寂寥。

我看着他的身影消失在小巷里。我追过去，巷子已空空如也，只有墙角缝里长出的青苔，沉静内敛古屋还在原地，透着平静与朴素，透出沧桑古旧的诗意。

古人说：万般皆下品，唯有读书高。秀水村文风的空前炽盛，让秀水在世人眼中变得高贵与持重，崇贤而明理。现在的秀水，继续发扬着"崇贤重教，读书明理"的宝贵世训与族训。在每年的九月，村民们为学子在秀峰诗院举行入学典礼、环村举行隆重的状元出游……为的就是将群贤们刻苦耕读、崇贤重教的优良传统像秀水一样，永不枯竭地流传下去。

呵，作为新时代的文青，我们是否从小就有问鼎状元之志，是否愿意去学习自知身上的勤奋，并为之付出十分的努力？

然而不是每个人都能做成状元，能到达金字塔尖，但力学不倦，勤奋刻苦，把自己的人生经营到最好，才是我们永远该铭记在心的宝贵世训。

▲ 秀水节庆·状元出游（何佬／摄）

花絮

著名画家黄格胜在秀水

2008年12月，广西壮族自治区政协副主席、中国美协副主席、广西艺术学院院长黄格胜教授率国家画院高研班近五十名走进富川秀水写生。黄格胜本人在秀水完成了14米长卷《地灵人杰秀水村》，这是他继《百里漓江图》之后的第二幅山水画长卷。

在富川写生期间，黄格胜荣膺中国美术家协会副主席。因此他认为富川确实是地灵人杰，走进富川写生收获颇丰。他说，作为一个广西画家，宣传广西是我终身的责任。富川风光如此美丽，是我始料不及的。富川人民在桂林的北边，桂林北边的风光都属于漓江风光。所以，宣传广西、宣传漓江是我终身的责任。这次我带这个班到富川写生，得到当地县委县政府的大力支持，同学们刻苦努力，画了许多优秀作品。

他还说：秀水村位于贺州市富川县境内，风光风俗淳美，人才辈出，贤杰不尽。自唐、宋、元、明、清以来，在县志记载的133名富川历代科举进士名录中仅秀水状元村就占了27名，自南宋出了状元毛自知后，该村先后出了26位进士，6位御史，是远近闻名的"状元村"。秀水村自古以来就是旅游观光写生创作历史考察的胜地。此次画展展出的近百幅作品以不同手法，不同风格，不同侧面，生动地反映了富川特有的风貌。

著名画家黄格胜简介

黄格胜，壮族，广西武宣人，广西艺术学院美术系研究生班国画专业毕业，研究生学历，教授。曾任广西壮族自治区政协副主席、致公党中央副主席、自治区委员会主任委员、中国美术家协会副主席、广西艺术学院院长。为国家级优秀专家并享受国务院特殊津贴。

曾在美国洛杉矶、旧金山、夏威夷举办画展和讲学；在荷兰的阿姆斯特丹举办画展，作品被荷兰国家艺术馆收藏；还在桂林、柳州、南宁、广州、深圳、台湾等地举办个人画展15次；出版有《漓江百里图》等个人画册8本。曾获广西文艺创作最高奖——铜鼓奖。黄格胜的《漓江百里图》是表现漓江的绘画作品中的一个高峰，它不仅是作者桂林山水画的代表作，而且成为"漓江画派"的开山之作。

《漓江百里图》由中国驻美使馆赠予当时的美国总统布什。1998年美国总统克林顿访华，广西壮族自治区领导以黄格胜作品相赠。

黄格胜在富川写生、黄格胜秀水写生作品

福兮，福溪

——中国历史文化名村福溪村

古村推介词 gucun tuijieci

福溪村推介词

古道南邪关，七朝古村落；廊桥马殷庙，一村两国宝。

福溪集古道、古镇、古圩、古村和古寨于一身。有专家说，福溪是一部用古木砖石写成的民族文化史书。在福溪，你随处跺一下脚，都可能踩中地底下几个朝代的文物；在福溪，你随手捡起一块残砖断瓦的碎片，都可能是遗落千年的宝贝。

福溪是第一批中国传统村落，第六批中国历史文化名村；2017年被列为"中国少数民族特色村寨"名录。

▼ 福溪全貌（周海林／绘）

▲ 秀水前景（龙琦东／摄）

一、地理位置

富川福溪村位于富川瑶族自治县西北部的朝东镇境内。距富川县城40公里。与湖南省江永县兰溪瑶族乡毗邻，是一个"脚踏两省，目眺双关"的边陲文化重地。

二、历史沿革

福溪村始建于唐末宋初时代，至今已有一千多年的历史。据该村保存的《福溪源流记》所载："厥予村境蒋、周、陈、何各姓贤祖列宗，分异邑郡县，于唐末宋初先后不一地迁徙而来。其初地形凹凸高低不等，故名沱溪。后经祖先辛勤僻野开拓，扩展兴修建砌，物丰丁旺，安居乐业，更名福溪矣！"

福溪村，是古代驻扎兵马之所，历史上曾一度称之为"南邪关"。村内周、蒋、陈、何四姓先民自湖南道州（今湖南道县）转潇贺古道入境，以村境内的灵溪河为福祉安居定寨，取寨名为"福溪"。至今已有1000多年的历史，有"七朝古寨"之说。据村中有学识的老人介绍，唐朝末年，最先到福溪居住的是唐姓族人。当时唐姓一族领头人见福溪左有山岭，显燕子归巢之态；右有山岭显马驻人安之意；后有山岭与左右呈五马归巢之势；中有一条清澈见底的潺潺溪水流过，非常适合居住，便与族人决定在此定居；至北宋初年时始有周、蒋二姓陆续到此定居；至北宋末年，又有随军南下征剿的陈、何两姓留在了福溪村定居。至此，村中共有唐、周、蒋、陈、何五姓族人在此聚居，直至清朝末年，唐姓一族因生意需要，举家迁徙，方呈现在的蒋、周、陈、何四姓。福溪村南宋开始

兴盛，明清达到了高峰。

　　该村人杰地灵，人才辈出，历史上共出有进士6人，贡生8人，将军2人，经魁1人，武魁1人，是富川历代崇文尚武，文武兼修的重要村落。

　　全村现有人口390多户1700多人，其中瑶族人口500多人。村庄面积8公顷，共有各种明清古民居近200栋，古建筑面积2万多平方米。

▼ 民俗表演——闹春（刘玉松／摄）

▲ 马殷庙（龙琦东／摄）

三、村落布局

（一）外部环境

福溪是块风水宝地。这是三面环山，群峰拱揖；后山葱茏，古木参天；东边豁口田园坦川，土地肥沃。一条古灵溪，伴随着秦汉古道穿寨而过，千年清泉，流淌不息；一条三镶石板街，伴和着两旁民居纵贯全村，千米古街，沧桑流年；一道依山环村而建的古老石墙宛如一条巨龙，莽莽苍苍，像一道天然画屏，把福溪村与外界隔绝成"世外桃源"。

（二）内部格局

福溪依山而居，倚石而建，因溪而名，天人合一。

被誉为"华南古民居建筑史上的奇迹"。其中楚王庙和风雨桥是全国重点文物保护单位。在广西为数不多的古建筑全国重点文物保护单位中，福溪村独占两席。

古街各巷古道与石街总长2800米，其主干部分由村头至村尾（指官道三镶街，又称"三石街"）长达900米，村落面积约239207平方米。

主干道三镶街，建制整齐，工艺考究，规格一致，用料精良。古街商贸最鼎盛时期，左右两侧店铺达100多家，客栈3家。福溪古巷内古民居古建筑保存完好，现有祠堂5座，大门楼13座，关厢门7座，石板桥2座，风雨桥1座。

陈、周、何、蒋四姓村民各有宗祠家庙，各有始祖信仰，各有文化风习，同时也各有节典和祭祀礼仪。门楼雕龙画凤，赤柱花窗，誉匾颂文，诗画纷扬。其建筑风貌，形体各异，高低阔小不一，但均十分别致考究。在这些精美的门楼建筑里，还遍布着许多巷道，穿插流连，贯穿期间，一村四姓、一姓一门、一宗一围、一围一族的格局构架为福溪村部族社会管理和福溪宗族礼制信仰的建立提供了既和谐相通又垂直约束的促进体系。

有民俗文化专家为福溪归纳了新八景，分别是：庙宇晨钟，廊桥夜话，石街绝响、灵溪清笛、祠堂聚秀、门楼溢彩，戏台遗韵，商铺余光。

四、历史文化

耍春牛

福溪村的民俗节日为五月初九日，节名曰庙会，庙会活动分两部分。先是祭庙，即祭马楚武圣和马楚文神庙。祭庙之后则进行耍春牛活动。耍春牛是福溪村的一个传统文娱项目，意即在春耕时节戏耍耕牛，其流程如：主持人出场燃香纸，念谒文，祷告诸神各圣与上苍先祖，祈福新年新春鸿运长绵，风调雨顺，然后在鞭炮声中请出披带红绸大花的春耕壮牛拖着犁耙上场，助演的农夫掌犁边舞边蹈，边唱边跳，县官或者族长手执绿柳（或绿草）鞭念念有词地催牛耕田劳作，两边的玉皇大帝、风神、雷公、雨婆、电师及土地公、花神、茶神俱在场中以声腔作势，表达祝贺庆瑞。

"耍春牛"活动是提醒瑶民春天来了，新年耕作准备开始，同时也祈求新年风调雨顺、五谷丰登。

坐歌堂

坐歌堂是瑶族对歌形式之一，也瑶族古老的文化精华。在富川瑶族地区，流行着一种伴嫁歌舞的文艺形式——坐歌堂。

"坐歌堂"是在姑娘出嫁的前一天晚上，以新娘和伴嫁姑娘为一方，以新娘的嫂嫂、婶娘和已出嫁的姐妹为一方，互相对歌。对歌分说郎、道情、盘歌三部分。"说郎"由婶、嫂一方提问，新娘一方回答新郎的人品、外貌及恋爱经过。"道情"是对歌的中心。双方运用大量的比喻、双关等手法，回忆共同相处的美好岁月，表示依依惜别之情。父母兄嫂在道情中，把如何待人接物，尊老爱幼，勤俭持家，处理好婆媳、夫妻关系等唱给新娘听，新娘都一一作答。这实际是新娘离家前，长辈对她进行文明礼貌教育。新娘也可以对父母兄嫂提意见，无论多尖锐，父母兄嫂也不能发气。

▼ 七朝古寨 刘良智/摄

这些都可以说是瑶家的好传统，也是瑶家母女恩爱、姑嫂和睦的重要原因。"盘歌"则是对歌双方互相猜谜，歌声委婉悦耳，歌堂呈一派热烈欢快气氛，一直唱到雄鸡报晓，接新娘的人们到来为止。

瑶族织锦

多指瑶族妇女手工或单人操作木制织机制作的布质用具，如床上用品被面、垫被、瑶族服饰上的袖饰、腰带、布口袋等等，也是长辈为儿女们娶媳嫁女的准备的聘礼或嫁妆。布料多以自纺的棉线，用土法染制成黄、绿、蓝、红等各种颜色后，有黑白线一起搭配编织。图案有菱花，也有字样。其中字样的编织难度较大，编织过程和方法也最为繁复。但奇怪的是，即便是目不识丁的女子，也能将字样类瑶锦织得工整漂亮，令人惊叹。

五、名人轶事

周弘颂，原籍山东青州人，自幼苦读诗书，潜心研读理学，北宋太宗雍熙二年（980）进士，授中顺大夫，会稽太守。曾任北宋太宗的谏言官，为皇帝出谋划策。其来富时间已不可考。据福溪村周姓老人回忆，曾听祖上口耳相传，因周弘颂曾任谏言官，在位谏言之时多因势利导、亦针砭时弊，为太宗立下汗马功劳，但也得罪了一些朝臣。为护忠臣周全，太宗特许周弘颂告老而不还乡，可带家人妻小另择地定居，并对此事秘而不宣。周弘颂卸任之后带着家人沿着商道一路向南，来到福溪，见此地山清水秀，民风淳朴，商道已初具规模，来往及贸易也颇为便利，遂定居在此。与当地村民相熟之后，曾多次受乡民的推举，到当时远近闻名的"成儒阁"授业，师生及乡民皆以能听到周先生的授课为荣。直至周弘颂故去，后人将他葬在今朝东镇黄竹山西北坡下的胡神枥。明万历崇祯年间进士周尚才为其题匾"升朝俊义"，意指能上朝堂议事的有德行之人。

六、经典建筑

全国重点文物保护单位马殷庙

在民间又称"百柱庙""灵溪庙"和"马楚大王武官神庙"，始建于明永乐十一年（1413），至今已有近600多年的历史。它原为砖墙式寺庙结构，明弘治十二年（1499）吏民筹资备料，请来名寺僧人，湘桂能工巧匠，展其殿宇，扩其建制，将灵溪庙改建成寺庙与戏台相对应的，木质抬柱飞檐体的殿堂式庙宇，因其规模恢宏，台柱过百，所以俗称之为"百柱庙"。

该庙总面积384平方米，建筑风格为典型的干栏、穿斗式建筑构造。整座庙宇采

▲ 俊义门楼（何佬／摄）

用大水杉、金丝楠、香檀木等珍贵木质材料建成，未用一钉一铆，古老、典雅、大气。整庙高6.13米，进深21.94米，面阔20.86注，由76根高大圆木柱和44根吊柱、托柱共120根木柱支撑而成。

古"百柱庙"艺术色彩五彩斑斓，华盖穹顶雕刻精致，大厅彩檐祥云飞漫，墙柱绘画仙人乘骑，还有天蓬斗拱，交错纵横；扶手榫枋，天衣无缝。地面上铺砖镶石宽阔平整。柱础图案有：莲蕊花盆磉、云纹花盆磉、剑戟书卷盆磉和鼓箫彩巾盆磉等图纹装饰，且栩栩如生，不失为岭南瑶族古代文化艺术的奇珍，它的建造工艺和它的结构布局充分代表了瑶族人民在吸纳湘楚优秀与中原先进工艺技术后与地域本土建筑文化再度融合创新的智慧与结晶。

据国内权威考古学家和广西有关文物鉴定专家考证："百柱庙"虽经历次增制修缮，却仍保持着宋代建筑的特色，其建筑的年代要比容县的"真武阁"早163年，同时也是世界上唯一现存的一座全部采用月梁、穿斗、托峰、托脚、扶手榫枋建造而成的"楚南奇观大庙"，它与富川县城慈云寺、瑞光塔及明城楼同为"楚南名刹、名庙、名塔、名楼"，是岭南地区不可多得的古代人文建筑景观。

福溪马殷庙（文官神庙和武官神庙）中敬奉的神祇，是汉代名将伏波将军马援之后、五代十国时的楚国王马殷（俗称马楚大王）。

历史记载，五代十国时期，马殷建立楚国，定都长沙，行天子礼。辖地包括今湖南的全境及湘邻的广东、广西和贵州的部分地区，古富川是楚国的辖区。其族弟马彬时任楚国岭南兵马大都督，冯乘、谢沐、富川诸县、关城皆为其所辖。公元911年，马殷撤谢沐，冯乘二县划入富川，升格富川县为富州。时年匪盗为患，楚王马殷亲临谢沐关御驾亲征，督促马彬将军亲率冯乘、富川、谢沐关等地军民除匪平乱，安抚当地百姓，王恩浩荡，受世人敬仰拥戴。"先立生祠，后马楚卒，乡民遂建庙宇祭祀之……"（摘自《新五代史》之《楚王马殷纪功碑》）之后历代将其庙宇扩建翻修，供奉祭祀，沿袭至今。

021

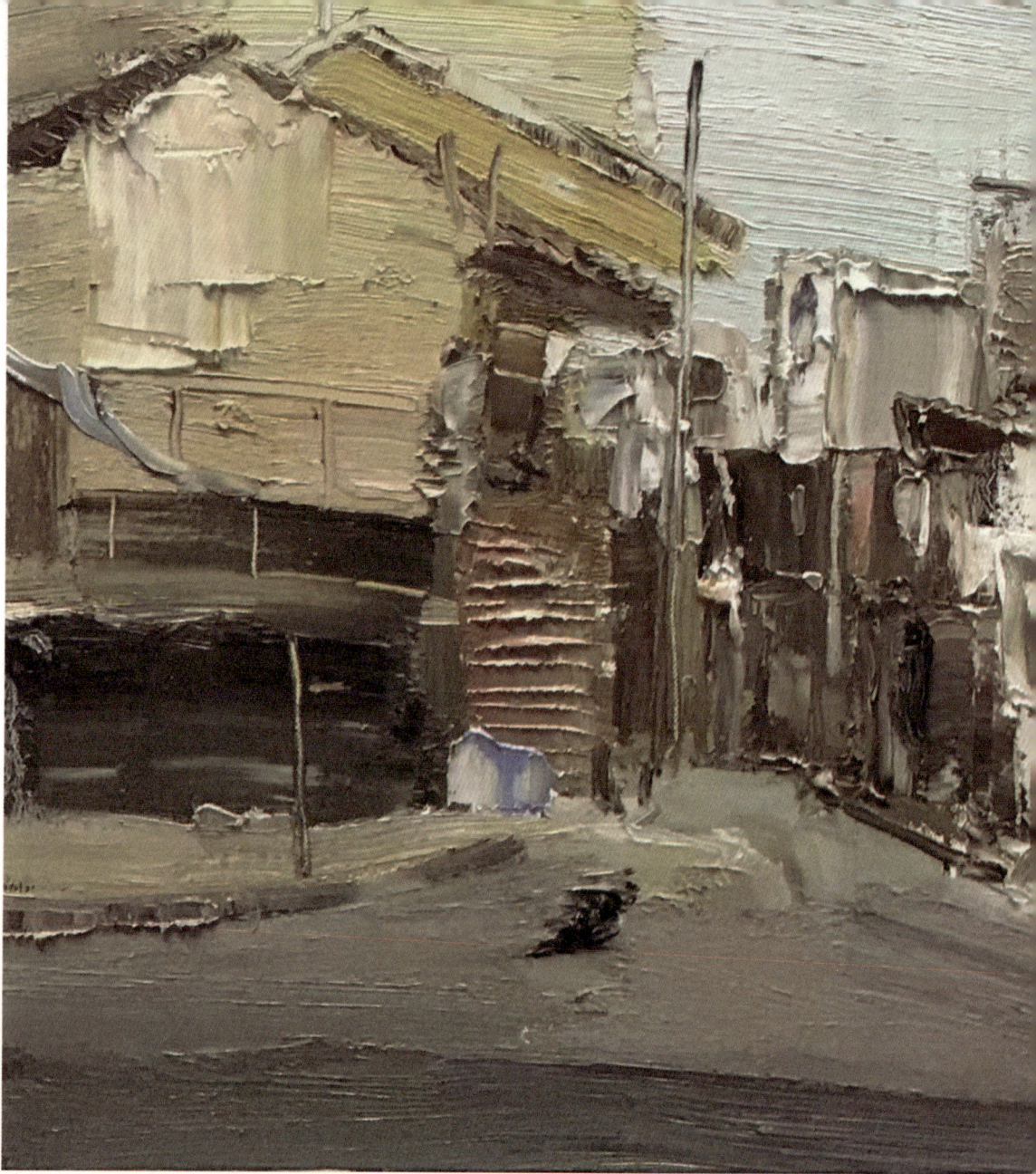

马殷庙于2006年被列为全国重点文物保护单位。

钟灵风雨桥

位于福溪村中的钟灵风雨桥是富川列入全国重点文物保护单位27座瑶族风雨桥中的一座。桥的前后罩壁既没有入口的楚式阁楼又没有中国古典式的徽派马头墙造型，而是带有海派建筑元素，岭南粤式风貌的窗罩文化元素也兼而有之。柱体的装饰造型，以牙线和块面相交叠加，递收入升，层级演变十分丰富而美观，打破了中国古典墙柱结面中常有圆柱和方柱造型的常规格式；窗口拱圆演化渐变的造型亦颇有西洋特色，半圆的窗头中，线条分出凹凸的层次异常明显，积木式的装点着小方面的板块，

▲ 龙建辉美术作品

使窗拱顿显灵气。在总体墙面的构造中，直、横、圆、曲筑块，筑体在和谐地交错运用。整座桥将海派文化、徽文化、粤文化与瑶文化相互交融。

潇贺古街

潇贺古道自福溪村头贯通到福溪村尾。路面为三镶石板街（即镶在道路两边的长条路肩石，护夹道路中间的方块路面石，结构三层次，做法三块状，故称三镶石街），其路面约为1.5米，尺寸是按照秦制战车的车轴间距与兵卒行军状况来构筑的，充分体现出了它的军事建造原理。其选石精，工艺高，铺建技术也很考究，令古商道历经千年而不毁。至今，石板路上仍留有马车千年踩踏的痕迹。

一溪万古一溪福

唐懿芬

走进福溪，犹似走进一幅旷古悠远的山水古画；流览福溪，仿佛置身一座山水浸润的历史廊坊。漫步在这座千年古村中，但见古楼典雅，古街石花；古祠幽邃，古庙袈裟；古木参月，古桥卧霞；岭下庄稼、岭上桑麻；小桥流水，古巷人家……

若把福溪比作一个惊世美人，太过俗气，更无法尽显它跨越千年，仍伫立于现代文明的独特魅力。如果，真的让我用一句话来形容它的美，我只能说：她很美，美得令人透不过气来，却又让人忍不住一而再、再而三地去自寻窒息，如蜜恋之爱，令人死去活来。

千年依恋

福溪，跨越千年与你我今生相遇，我妒村中人可傲称"我们福溪"，而我只是过客。唉！人生不如意事十之八九，古人诚不欺我。

溪中戏水的顽童、浣衣的女子、清理农具的男子，还有风雨桥上暮归的农人、纳凉的老人，他们一定不知道，福溪的过客是有多羡慕他们，这山、水、石、人和古道千年来的相依相恋。

没有人能告诉你福溪的山多少岁了，可是山可以告诉你，他陪伴福溪已逾千年；没有人能告诉我灵溪今年几岁了，可是潺潺流水告诉我，她已经陪伴福溪逾千年。古道上最顽皮的莫过于那些生根石了，可他们的年纪也不小了，自建村之日起，他们就被村民奉为有福之石，先人取"生根发芽"之意。敬石爱石，建房若遇到有生根石宁愿绕道而建，人与石头和谐共存，聚落遂得以繁衍壮大至今。人人皆知古道年岁，历经岁月，若有坍塌或凹陷，村人马上想方设法修塌补漏。它，是福溪人出去建功立业的路，也是福溪人回家的路，它，承载了福溪人千年的爱、护和盼。

岁月悠悠，往前而无垠，往后而无期。而这千年的相依相恋还在继续。千年以后是万年，或许，更久远。

在水一方

再回首，蜿蜒的古道依旧平静地从脚下蜿蜒远去，背影，依然倔强而美丽。

那一刻，我终于知道为什么每次走进福溪，都让人觉得它既亲近又新奇。因为，当你每次走进村中，古桥、古祠、古庙依然是你熟悉的古朴庄重。而沿着流淌了千年的灵溪漫步时，熟悉的古道、古街、古商铺却不时给你惊喜，让你忍不住一次又一次地去追思、探寻。

正如靠水而居的佳人，总能引得人漫步溪边，以为循着溪水，便可与雾中的她不期而遇，期盼与她互诉衷肠，或是与她相偎相依。踩着千年的足迹，你以为你已经走进了佳人的心里，可古道悠长，曲折无已，纵无险滩，却总是仿佛依稀。美丽的轮廓引人注目，秀美的灵魂古韵悠长。

这就是福溪，它是繁华现世的千年古寨，也是芸芸众生中的凡尘仙子。它在那里，静静伫立，只需你一抬眸，就会被她吸引，为她惊艳，因之迷离。想要靠近她，与她细语轻言。

福溪之美，在水一方。

福溪福兮，福兮福溪。

▲ 福溪民俗（富川传媒图片）

▲ 古道流年　　　**025**

龙建辉简介

　　龙建辉，广西桂林人，在富川县出生成长。中国美协会员，国家一级美术师，现任广西美术馆书记、馆长，广西书法馆馆长，中国（广西）篆刻艺术馆常务副馆长，广西政协书画院院长，广西水彩画协会副主席，广西中国画学会副会长，广西南宁市美术家协会副主席，广西艺术摄影协会副主席，广西文化旅游厅艺术委员会委员，广西美协理事水彩艺委会副主任，漓江画派常务理事，广西壮族自治区文化艺术职业教育教学指导委员会委员，广西艺术委员会委员，广西收藏艺术委员会主任专家，多所大学客座教授，中国人民争取和平与裁军协会第三届理事会理事，广西政协委员。

　　作品多次参加海内外专业画展和全国美展并获奖。作品获第八届全国美术作品展览优秀作品奖（最高奖），六次荣获广西美展一等奖。作品荣获中国创新成果奖、设计制作优秀奖、奋进杯、专家组成员突出贡献奖，中国创新设计红星奖（中国工业设计最高奖）。作品被国家选送美国、日本和欧洲巡回展出。曾参加日本、越南、印度尼西亚、美国、韩国、新加坡等国家和香港、台湾地区画展或联展深受好评，先后被日本、越南、印度尼西亚、美国、韩国、土耳其、阿塞拜疆等国家的美术馆、博物馆、艺术中心、大使馆、领事馆及海外人士收藏。作品被编入多种大型画册，在报刊发表和电视台、书画频道报道，个人业绩被收入各类文献辞典。

国庆60大庆广西彩车。龙建辉设计，代表广西从天安门城楼前走过。彩车设计获得了国家设计最高奖红星奖，龙建辉评为专家组成员突出贡献奖。彩车由民族博物馆收藏。

龙建辉代表作

《大地的丰碑·学堂》龙建辉　布面油画　1994年　156cm×133cm
获得第八届全国美展优秀奖（最高奖）　中国美术馆收藏

龙建辉富川古村写生作品

秀山秀水秀人

——中国历史文化名村秀山村

▼ 府第（张祖辉／摄）

秀山村推介词

古村推介词 gucun tuijieci

"一文一武名科举，一将一贤誉胡门。"秀山，冯乘古郡遗址，民家围屋石城，抗日名将故里，崇文尚武村落。

古城镇秀山村，是潇贺古道上最具规模体量的古村落。这里是抗日名将胡天乐将军的故里。

村中著名的民家围屋石城"胡家大院"占地百亩，井然四方。"四世同堂承天意，五福盈宇享人伦。"其"四代十户，一屋廿居"的包容性恢宏建筑体制，是富川历史上古民居的先创首例，更是南岭村落古建中的罕见。

秀山村是第一批广西传统村落，第五批中国传统村落，第七批中国历史文化名村。

▼ 秀山全貌（周海林／绘）

古村文档
gucun
wendang

一、地理位置

秀山村坐落在富川瑶族自治县古城镇东部，距县城10公里，位于富川火车站旁，是潇贺古道上一个依山傍水，风景秀丽、民风淳朴的民家人古村落。

二、历史沿革

据《富川县志》史料记载，秀山村曾是故冯乘县遗址之一。最早来此建村立寨的胡氏家族，他们的先祖卓富公于唐朝证圣元年（695），从山东一路南下，越过莽莽南岭，沿潇贺古道来到富川，始居于古富川朝东胡家村。到了明朝洪武年间，其中十九世祖汝贤公带着一支胡姓族人从朝东胡家村迁徙到秀山这块土地上繁衍生息，过着平静而祥和的田园生活，至今已有六百多年。秀山村现有人口1500多人。

这里曾是古道名县冯乘县县城遗址之一。冯乘县是汉武帝于元鼎六年（前111）始置的古道县治，与富川县、谢沐县、临贺县等同时建县。县域包括今湖南江华瑶族自治县大部、广西富川瑶族自治县东部。北宋开宝四年（971）废，东境归江华县，西境入富川县。冯乘县共历时约1100年。

冯乘县早已黄鹤西去，但秀山仍遗存着勾挂岭的传说、古石城的落寞和青石板古道的斑驳。

三、村落布局

（一）外部环境

秀山是一个坐北朝南、风水极佳的古村落。村后的螺蛳山高耸嶙峋、气势雄伟、林木葱茏。山下遍植果树，柑橙金黄、梨枣成行。山势往左右两边缓缓延伸出去，形成一个左青龙、右白虎的良好风水格局。整个山形尤似一把巨大的交椅，环绕在村后及左右两侧，整个古村就像一个贵人端坐在太师椅上，肃穆庄严。其右手边上的大印山，仿佛一颗硕大的官印，稳稳当当地耸立在村口，神形兼具。而绕村而过的溪流，则仿如一条玉带一般环绕在腰上。在风水学上可谓是山环水绕、藏风聚水、玉带缠腰、大印在握、必出贵人的风水宝地。

（二）内部格局

秀山藏身于一个三面环山，村前平畴旷野的人间仙境。一条弯弯曲曲的小路从西边的大印山进入村境，沿着山势迤逦往东前行，穿过蓊蓊郁郁的田园菜圃，一个古色古香的古村落静静地端坐在山水田园间，在朗月清风里漫步轻摇。

一条大青石板镶嵌而成的石板街自西往东穿村而过，一条清澈的溪流逆着石板街由东往西流淌，溪流弯弯曲曲，斗折蛇行。

沿着石板街和溪流两侧，数十座徽派古民居井然有序的排列开来，形成了一个庞大的明清古建筑群落。沿街的古民居沧桑古老，建筑典雅，高低不等，造型各异。有的高墙阔院尽显家门富贵；有的低小简朴却不失古拙淡雅。老屋中有石柱石墩，有石槛石鼓，上面的雕花及图案丰富多样，异彩纷呈。图案中有愁龙、苦凤、笑狮子；有宝卷、经书、朴扇花。这些雕花素材充分反映出古代富川对楚文化的吸纳与兼容。

四、经典建筑

福观寺

福观寺始建于清朝初，位于秀山村后北边莲花山麓之下，为佛教文化寺庙，庙中主奉观音。该寺院建筑精良，殿宇宽阔，圣像庄严，青石天井，雕花披金，神龛精美，文化沛然，为秀山村及邻近一带信众所膜拜，终日香火不绝，是富邑之中知名很高的佛教场所。该寺于民国年间因失修而溃，又于"文革"期间被焚，现仍有遗址，有待恢复。

水川庙

水川庙始建于清末民初，至今安在。该庙为民间对山神、水神、歌神、戏神崇拜之多神信仰宫观，庙中主奉山神、水神、歌神、戏神等，是富川民间信仰文化祭祀场所的典型例证。该庙建于村后龙山的"神潭"之畔，有"神佛树"景观相伴，有"龙潭山"相靠，景致优雅、风光奇卓，为村中宗教文化圣地。

将军府第

将军府第坐落在秀山村域之中，为民国时期国民党中将胡天乐的私属府邸。该府始建于民国二十一年（1932），为胡天乐获中将官衔后，回乡省亲时耗巨资兴建的一处豪门宅院。将军府第建制恢宏、建筑精良。宅中，石雕飞龙、木刻凤翔，木题楹匾、石刻文序，罩壁天井、石柱护栏、石镌户对与玉题彩绘确是讲究非凡，不失为富川民居之华构，官家之豪庭。将军府第占地1400平方米，建筑面积3000平方米。功能布局为将军主住房、军政办公楼、警卫护卫区、家眷住宿区、僮仆住宿区。其格局严

▲ 秀山将军府

谨，防御科学，是一个进可攻，居可守的家居军防合二为一的非常性豪宅华府。

明家石城围屋

明家石城围屋坐落在村域之央，为胡氏一族，先人富家所创建。据考，该围屋始建于清乾隆年间（距今近300多年历史），其占地近4000平方米，建筑面积为6000平方米，内含10多户人家居住，是同一姓胡氏宗族家群围居聚住文化的集中体现。"四世同堂承天意，五福盈宇享人伦"。其"四代十户，一屋廿居"的包容性恢宏建筑体制，是富川历史上古民居的先创首例，更是南岭村落古建中的罕见。

围屋中，方石巨硕、石雕精良、门窗艺美，建筑考究，且有花园，炮楼筑于围屋之中，它是富川，同时也是村中最早采用家居、军防、休闲、华居元素于一体构筑围屋的文化建筑。该围屋的屋础连带其础墙出地约2.5米，均为方形硕石建筑，且周长达350米，连同屋内用石，总计耗石近480立方，真可谓"秀山华府石城屋，玉龙宝地花园庄"。

胡天华府

秀山村胡姓人，为村中大姓门户，亦是富裕一族，胡族人励志上进，崇文习武的历史在富川传为佳话。据传，秀山村于清道光年间出有进士及第2人，且有文魁武举同登，文魁名曰胡正儒；武举名曰胡富龙。于是"一文一武名科举，一将一贤誉胡门"。正是秀山胡族四华府的文化写照。该四座古宅华府位于村中，房屋建造精美，造型美观大气；宽庭阔院，气派非凡，是村中古建筑艺术文化的代表之作，同时也是富川古代民居的典。

五、名人轶事

胡天乐（1892—1951），原名胡维璋。光绪三十三年，以县试第一名的成绩，考

入广西陆军小学堂就读（与李宗仁是同学），并改名天乐，取先天下之忧而忧后天下之乐而乐之意。之后考入河北保定军官学校步兵科（与白崇禧同学）。文武兼修的胡天乐于1919年军校毕业后，开启了他一生波澜壮阔而又跌宕起伏的戎马生涯。在1926年的北伐最为著名的南京龙潭战役中，胡天乐身先士卒，率领国民革命军第七军一师十九团担任主攻，激战七天七夜，不惜伤亡惨重，攻占南京城制高点栖霞山，不幸被敌弹击穿右肩胛致右臂造成终身伤残。这龙潭战役是北伐中最为著名的一场战事，一举奠定了国民政府之基业，五省联军统帅孙传芳从此一蹶不振。国民党元老于右任曾口占一绝：东南一战无余敌，党国千年从此辞。将军一战封神，战后立即被擢升为第七军三旅旅长，蒋介石亲自赐予中正剑。之后又因骁勇善战功勋卓著被擢升为副师长，授予中将军衔。

▼ 古村风采

抗战爆发后，以解甲归田的天乐将军毅然出任广西民团副总指挥、平乐区民团抗日总指挥、湘桂边区抗日指挥部副总指挥官等职。他把桂湘边境的恭城、富川、钟山、江永、江华等县的抗日力量集中起来，抵抗日本鬼子的侵略。在望高、白沙、牛庙、信都、官谭、桐尾、青草界、梅花各个隘口设防，凭借着这一带的崇山峻岭，运用灵活机动的游击战术，拼命抵抗日本鬼子的疯狂进攻。在富川麦岭还打了一场大胜仗，重创了日军的有生力量。

由于他对抗战所做的巨大贡献，分别于2005年和2015年，中共中央、国务院和中央军委给他颁发了抗日战争胜利60周年和抗日战争胜利70周年纪念章。作为国民党将领能得到此殊荣的，在贺州唯有胡天乐将军一人。

胡天乐的一生，是忧国忧民的一生。公务之余，他大力兴办教育和实业，捐资筹办了八步临江中学和临江水利公司，退役后，常驻八步、望高、古城一带经商、开矿。先后开办了可达矿和古城街广德号盐行。更难能可贵的是，他还回乡大力推广种植沙梨、大枣、荸荠、慈姑和甘蔗这些经济作物，提振家乡经济。他用实际行动践行着自己先天下之忧而忧，后天下之乐而乐的坚定信念。

徜徉秀山觅冯乘

何宪生

秀山，这个潇贺古道上让我梦里寻她千百度的秀美村庄，藏身在美丽的螺蛳山下，在碧波荡漾的冷菜塘旁，就这样宁静致远地走过了六百年。时光漫过，岁月悠长，用六个世纪漫长的风霜雨雪，把秀山磨拭成了一个耕读传家、崇文尚武的古村落。满腹经纶而又深沉内敛地端坐在山水田园间，举手投足都透着岭南特有的古朴风范。

美丽神奇的螺蛳山形如一座巨大的屏风，高高地矗立在秀山身后。高大的主峰险峻奇秀，古木森然，藤蔓幽深，绵延的山脉向左右两侧蜿蜒伸展，仿佛两只健硕有力的手臂，将秀山轻轻揽入怀中。

这螺蛳山并非浪得虚名。俊秀的山形外表下，一个巨大的溶洞，几乎将整个山形掏空。入口隐在半山腰，神奇的溶洞迷宫似的洞中有洞，洞洞相连，一直绵延到两里多外才有一个隐蔽出口。洞里常年有水，通地下河，在乱世荒年，这里是村人躲避匪患的地方。沉默内敛的秀山人，以不足为外人道也，很少提及，溶洞是以一直深藏不露。

来到村后的螺蛳山脚下，那里有一个美丽幽深的人工湖泊冷菜塘。冷菜塘始建于清光绪年间，有水流常年注入来自水川庙的村中小溪，供村人饮用和灌溉。塘中有地下泉河冒出，不疾不徐，永不枯竭。这大约是我知道的本地最早的人工湖泊，秀山人是用原始方式改善自然环境和生存条件的先行者，值得致敬。

站在山头远眺秀山，遥山近水尽收眼底。鳞次栉比的古民居错落有致，高昂的马头墙奋蹄扬鬃，高耸的飞檐斗拱曲折勾连，古朴的青砖黛瓦诗情画意。源自水川庙的溪流在村中浅唱低吟，黄发垂髫在青石板上虚掷光阴。著名的将军府和民家围屋伫立在古民居中隔溪相对，深情守望。

发源于水川庙的溪流，穿村而过，弯弯曲曲、斗折蛇行。溪边用大青石板镶砌的石板街，平整而厚实，透出苍苍古意，这里是孩子们夏天玩乐的天堂。七月流火，孩子们在潺潺的溪流里肆意地嬉戏玩水，消暑纳凉；玩累了，就到古民居里躲猫猫、捉迷藏；到山边去摘野果，钻岩洞，那时没有电脑、手机，也没有肯德基，广袤的大自然就是孩子们天然的游乐场。长大后的孩子们大都犹如飞离巢穴的小鸟，外出求学、谋生。更深夜阑，梦里梦外、故乡的一草一木却时时摇动着他乡游子的心，清清的溪流带走了他们的童年和纯真，却带不走他们的思念和乡愁。

信步来到村东头的水川庙，一股清凉深幽的气息沁人心脾。水川庙建在龙潭山脚下，一种土名叫嚓唠的大树荫庇了整个山包和庙宇。庙旁的龙潭有清泉从石中涌出，形成一个狭长宽阔的深潭，潭边的野花开得正欢，哗哗的溪流奔涌而下，润泽了整个村庄。山因水色而丰腻，村因溪流而丰饶，庙中的香火正旺，袅袅的青烟　随风飘荡，供奉的神佛法相尊严。三生石下，寄托了多少人一生的希冀与追求；浓荫的嚓唠树上，一簇簇狭长的豆荚，曾给予了多少人以生的希望。嚓唠树籽，煮熟、浸泡、捣碎，熬粥，能让普通米暴涨五倍以上，又黏又稠，节粮不耐饥。没有米，单独熬煮也可，聊以果腹。每当遇到灾荒年月，附近村民都会前来捡摘树籽充饥，聊以度过那些漫漫荒年。如今国泰民安，生活富足，嚓唠树早已归隐山林，不问世事，在四时轮回中荣辱不惊。

溪流由东往西穿过村庄后，汩汩的溪流便波澜不惊地缓缓流淌到村前。村前是一马平川沃野丰饶的一方田园。据老辈人传说，这里曾是冯乘县遗址之一。冯乘县是汉武帝于元鼎六年（前111）始置的秦汉古道县治，与富川县、谢沐县、临贺县等同时建县。县域包括今湖南江华瑶族自治县大部、广西富川瑶族自治县东部。北宋开宝四年（971）废，东境归江华县，西境入富川县。冯乘县共历时约1100年。

冯乘县早已黄鹤西去，但秀山仍遗存着勾挂岭的传说、古石城的落寞和青石板古道的斑驳。在秀山及周边地区，至今流传着许多有关冯乘的故事。在村前右侧不远处的田园中，泊着一个远近闻名的大井叫千家井，井阔一百多平，井深十几米，有泉水常年向外奔涌，据说是当年冯乘居民的主要饮用水源之一。离井不远处原有一座古庙，叫蓬乘庙。古庙的左边的岭头当地人称蓬乘岭。蓬乘当是冯乘的方言异读，可惜古庙毁于"文革"。如今冯乘县遗址大都深埋于田峒的泥土下面，偶有村民在田中耕耘劳作时，还能挖到那些深埋地底的秦砖汉瓦。

在田峒的南边，则是当地大名鼎鼎的钩挂塘。在民国以前，钩挂塘是一个享誉湘桂边界的著名圩场——蓬乘圩，自古是湘桂边界的一个物流集散地。东边有青石古道连接潇贺古道东线上的湘南小镇河路口，南边有青石古道直通潇贺古道水陆交汇点古城街，蓬乘圩这个潇贺古道上的著名圩场，新中国成立后随着古城街的沉没废弃了，唯有那个高高的钩挂石，孤零零地立在空旷无垠的荒野中，回想那些逝去的前尘往事。

钩挂塘在我家乡的北边，是伴我童年成长的地方。在那艰难苦涩的岁月里，我们抓蛇虫，捉鱼虾，追逐蚂蚱，在野地里风一样奔跑，那里留有我太多的童年记忆。少小离家，不知钩挂塘竟有如许的风月与传奇。年轮划过半百，芳华落尽，生命沉静如水。原野的风吹呀吹，吹走了古道多少曾经的繁华与旧梦，却吹不走我心中的落寞与荒芜。

秀山，这个在潇贺古道上名动一时的历史文化名村，这个在冯乘县遗址上建立起来的古村落，在她脚下的这块古老的土地上，究竟还埋藏了多少不为人知的秘密。

第二章

瑶风楚韵飞彩旃

一脉书香润古街

——中国少数民族特色村寨深坡村

古村推介词 gucun tuijieci

深坡村推介词

一个地方的文化犹如一棵大树，它的根系深深地扎根在大地上，靠土地上的水脉、文脉来滋养，正可谓一方水土培育一方文化。

"一等人忠臣孝子，两件事读书耕田"是深坡村的座右铭。

深坡村其以深厚的耕读文化为背景，以环境和风水思想为基础，再融入诗意的山水情怀，从而构筑出的建筑奇观。它们有着相似的外表，却又各自孕育出不同的内涵，值得后人去找追寻和发现别样的韵味。

▼ 深坡全景图（周海林／绘）

古村文档 gucun wendang

▲ 深坡风貌

一、地理位置

深坡村位于富川县城的东北面的葛坡镇，离县城大约16公里，紧靠538国道，从古至今交通便利。

二、历史沿革

深坡村，古称"深陂"，民间称"深坡街"。始建于宋绍定年间（1228—1233），系始祖蒋士弘（宋嘉定年间进士）任桂林府通判致仕回湘路过此地定居。该村至今已有800年历史。深坡村以800米长的三镶石板街为主街道，内有多条小巷道分枝。有大型门楼2座、中型门楼2座、小型门楼7座，青石板路、水渠并街流过。徽派古建筑风格是其重要特点。深坡村人杰地灵，曾出过进士5名、举人9人、贡生13人、3名儒士、86名庠生。有历代嘉封题匾数十块，是富川历代名门望族聚集的重要村落，深坡村2013年7月获得广西第二批历史文化名村称号，2013年8月入围中国传统村落名录，2017年列入中国少数民族特色村寨，2020年入选全国生态文化村。深坡村现在居民400多户，1700多人。2013年列入中国传统村落名录。

三、村落布局

（一）外部环境

深坡街村落由三座呈品字形石山构成，依山傍水而筑，村落面积约276547.8平方米，坐西朝东，东面地势平坦开阔。

据清康熙三十二年（1693）癸酉：恩科举人蒋中菊为《蒋氏宗谱》撰写的《千秋记》云："斯地来有华盖，玉枕为送，下有连珠桂榜为环，后拥则伏虎旗山，前绕则三水浮印，吾高曾建宅于斯。"

深坡村作为富川历代的名门望族，有史以来受到嘉封的题匾有几十块，最早的是宋嘉定年间（1208—1224）的进士匾，虽然有的在特殊岁月遭受到破坏，有的被用来做门板，但宗祠中剩下不多的牌匾依然那么夺人眼球。更有宗祠门口林立的功名碑，铭刻着一位又一位村史上的风云人物。这些功名碑，曾经代表荣耀立在每个功名或官宦之家的门口，与三镶街两旁十几个大小不一的门楼，以及各门楼上悬挂着的进士、举人、贡生、文魁、经魁、大夫第等各种烫金牌匾，一起放射出光宗耀祖的光芒。

（二）内部格局

深坡街村民居古建筑保存完好，现有祠堂3座，书屋2座，大门楼4座，小闸门楼8座，石板桥1座，石拱桥2座。该村落建筑具有明清时期富川的建筑特征。祠堂规模宏大，采用抬梁式木架结构，硬山顶硬山面饰马头墙。门楼集通道防范休闲纳凉等功能于一体。民居保存较完整，尚有80%的民居有人居住，主街道南北走向，沿主街向后龙山辐射成条块状布局，整齐有序。

▲ 深坡航拍（龙琦东／摄）

（三）经典建筑

蒋家祠堂

深坡的古祠堂有三座，其中两座分别建在村东南和村西南，均建于清同治初年，有150多年历史。其中，蒋家祠堂最为宏伟，面积达400平方米，敬奉开宗始祖蒋士弘和历代宗公为主体，是深坡村人的精神核心。其神台上列祖列宗排位有序排列，两边着对联"分茅受姓派衍东都，投杖奠居芳流西粤"和"安乐堂"的堂号诉说着蒋姓源远流长；"一等人忠诚孝子，两件事读书耕田"，这副对联出自清朝学者《四库全书》主撰纪晓岚的诗句，是深坡人的族训，折射深坡重桑麻，兴科举，是深坡村人世代崇尚的精气神。

八字门楼

八字门楼又称品字门楼，顾名思义，即外形上看像个八字。其造型特别，罩壁成品字形，俗称八字门楼。该门楼是深坡村最气派的蒋氏支系门楼。据本地考古学家王国政先生说，建造这种门楼，标志着门楼所在的街巷曾出过四品官员或者中过进士。根据蒋氏族谱，门楼中确实出过一人名山父，字掘堂，官至使御官、中宪大夫，是四品官员。古门楼，深坡有古门楼13座，其中两座分别建于村之南北，均是清代建筑。门楼高大壮观，门楼上方巨大的阴阳八卦，折射着镇压妖魔鬼怪，牛鬼蛇神，护佑村民幸福安康。

三镶街

深坡古村落主要以三镶石板街为主，全长800米，据文物专家考证，三镶街的建造在古代有严格地规制，只有官阶达到三品以上的官员才能铺设，所谓"三镶"，谐音"三相"，无三品之相即不可造。这"三相"从史籍中可以互相印证。石板三镶街有大型门楼两座，中型门楼两座，小型门楼七座，"文革"前各大小门楼均挂有进士、文魁、经魁、举人、贡生、大夫第等烫金牌匾数十块。牌匾最早的为宋嘉定年间（1208—1224），最迟的为清光绪三十年（1904），最早最晚均为进士牌。

恕堂书屋

恕堂书屋立于深坡村头，于清咸丰十年（1860）由例贡生蒋登云先生创建，并以其号"恕堂"命名。书屋为土木结构，前后两进，90多平方米。入大门即为条石嵌成的天井，左右有对应照墙。通过天井，经三级台阶步入后进，后进分上下两层，为师生学习之所。

汲古书屋

汲古书屋建于清咸丰年间，是深坡进士蒋山父带领族人募资修建的。书屋的格局属两进式三开间，中通为天井，天井两侧为私塾用房，内屋为教堂，是老师给学生上课的地方。私塾楼上是乡贤雅士聚茶会的地方，每逢节假秋休之时，或逢三秋闱大试前期，村里的学士才子聚会于斯，谈古论道，汲古纳经。

▲ 深坡古街（李丹娜/摄）

孚在道门楼

有孚在道，语出《周易·随》："有孚在道，以明何咎。"孚，指诚信，道，为正道。另有《象》文中说："有孚在道，乃明其功也。"此匾题句的意思是：守信在于正道，若要使人信服，须以诚信的人格力量去感召人才能达到。言外之意，经商或立业，唯有行正义或者秉持诚信的高尚品格，才能达到成功的目的。这一门楼所恪守的品格信仰，对村民起到了很好的教化作用。

四、名人轶事

蒋登云（1815—1873），号恕堂，例贡生。他注重教育，性格宽和，乐善好施。为了让族中贫困子弟能上学，他乐捐田租，建学舍于村中。族人被其感动，纷纷出资出力，建起书屋，还将清明田、地租、田租、田租禾划拨给书屋永久管业，建立恕公堂基金会，由学董根据章程支付。在众人的共同重视下，书屋注重延聘名师，提高教学质量，其中又以聘请外地举人、贡生为主。清光绪十一年（1885）聘阳朔举人莫炳贤、民国十一年聘灌阳廪贡生蒋文檀为师，皆博学之士，深受族人和生童年爱戴，极大地提高了教学质量，深坡的教学风气日益兴盛。他去世后，村里人为了纪念感恩他，每年在他诞辰之日，都会在这里集会祭拜，渐渐地形成了深坡街读书节。

045

深坡，流水潺潺的暖意

罗晓玲

万物萌发，水流用脉脉地流淌传递着它的慈悲。

在古老的深坡村，一条潺潺的小溪，携带着远古的时光，从几里外的深潭里汩汩冒出，灵动地润泽着一方水土。溪水比村庄的历史更悠久，而久多远，已经无法考证。深坡村的始祖蒋士弘当年正是看上了此处青山一蠡，水流一脉，便觉得是揽风聚水的宝地，于是毅然从湖南江华移居到此立足，建立了深坡村。水，必定是历朝先祖们安营扎寨时安家落户的首要条件。临水而居，水生万物，以此生生不息地繁衍家族。

于是深坡人索性牵水入怀，沿着流水的方向铺就了八百米长的青石板街，让水与街并行依偎流淌。八百米的主街就像一棵树的主干，弯曲着向前。主街道两旁延伸出数条狭长的深巷，如主干上旁逸斜出的枝干，枝繁叶茂，密密匝匝。小溪从容地从村子中间流过，成为村子生生不息的动脉，滋润和带动着村庄的脉搏。

每天，深坡村人早起、开门，就能在门前小溪洗菜、浣衣。谁家说，没有青菜了做饭了，一会儿上家的白菜就会顺着流水，淌到下家来。谁家的衣服不小心淌了下来，懂事的孩子捞起，就拎着衣服逆着水流往上走，一家一家地去找失主。

生活在深坡村的人，就连说话的声音都是顺着流水淌下来的，带着叮咚的质地敲打在古老的青石板上，清新悦耳。夏天的傍晚，村里的孩子们就跑到村前宽阔一些河段里游玩，在粗如巨蟒的树根下打水仗、扎猛子、尖叫嬉戏，尽情玩乐。时光就像行走在河上的牛，轻轻缓缓又慢慢腾腾。

深坡村的三街六巷村落布局建筑体量大、造型美，工艺精致、文化厚重，它们折射出了深坡历代先贤的英明睿智，又体现出深坡村民与能工巧匠的艺术素养。有民间诗句如此描绘："依山傍水造家园，开山取石铺街间。黛瓦连波接天地，马头高墙势威严。"从这些诗句中可以看出，深坡村拥山而立，倚水而居，相当注重地理与风水的和谐、人与自然的相融。

就连先民在营村扎寨、造屋修院的文化理念中，也秉承了徽派建筑的山墙（即马头墙）为统一构造，以三开两进为房屋整个构造格局；房屋以道教八卦为门当，以雕花石鼓石墩柱础为户对，以万字连纹和楚风图腾为雕窗花板、飞角高牙为山墙饰顶、翔龙飞凤和宝葫蝙蝠为飞角浮雕，以鹿角龙首为高牙造型。这些建筑工艺的运用与图案符号的镶嵌，为深坡古村落民居增添了无穷的文化魅力和灿烂的文化光彩，奠定了独具富川民居特色的建筑风格。

走在深坡村里，你仿佛走进的是一座艺术殿堂，你会觉得每幢房屋都是一座精美的艺术品，每一幢建筑都折射出古老而沧桑的文化痕迹。连排列在屋顶上的瓦，窗棂上精心雕刻的图饰，都遗留着前人的文化的痕迹和对未来的美好期冀。

上善若水，厚德载物。这些源自中原的农耕文化、建筑文化、风俗文化沿潇贺古道传至岭南，在深坡汇集交融，后经深坡先民日积月累、年深日久地垦殖开发与传承创新，至明末清初即展现出臻美完善、精致脱俗的清新格局。深坡村精致而完整的建筑格局，悠远厚重的历史人文景观，让深坡在众多的古村落中脱颖而出，成为县域村落中的典型代表，中原与岭南文化交融的历史见证。

德润人心，文化天下。深坡村的人文历史，是一股涌动不息的清泉，深藏于蒋氏族人血液、骨髓之中，给人以心灵的启迪、灵魂的润泽，让人在古韵浓郁的建筑艺术中，在流水潺潺的暖意中，一边延续着历史的脉搏，一边沐浴着文化的甘露。

▲ 古道驿站

北卡部落 凤鸣清溪

——中国少数民族特色村寨凤溪村

古村推介词 *gucun tuijieci*

凤溪村推介词

　　凤溪，中华传统聚落文化的宝贵遗存；凤溪，瑶文化与汉文化交融荟萃的典型代表和艺术结晶。

　　穿越时光，漫步在这座成型于800多年前的古老村落中，　古民居、古庙宇、古祠堂、古戏台、古凉桥、古亭阁、古石街、古巷道、古门楼……任你于纷繁俗世中慢慢读，细细品。

　　凤溪村2015年入选首批"中国少数民族特色村寨"；2016年被列入第四批中国传统村落；2017年瑶族风雨桥群成为第七批全国重点文物保护单位。

▼ 魅力凤溪

古村文档 gucun wendang

▲ 凤溪古戏台（大赛作品）

一、地理位置

凤溪瑶寨位于富川县城西部城北镇，距离富川县城15公里。古寨坐落在都庞岭山脚，背靠北卡山，头枕古树参天的观音山，面朝广袤田园，风景秀丽。村前有永贺高速公路和省道通过，交通便利。

二、历史沿革

现存的凤溪古寨建于明嘉靖七年（1528），但村史可追溯到南宋初期。南北朝时期，瑶人从梅山（洞庭湖龙窖山）大量南迁，其中一支沿潇贺古道进入富川，散居在都庞岭白卡山半山腰和山脚下，形成北卡瑶族部落。

南宋时期只有盘、刘两姓瑶人落籍定居今凤溪村。后来又有陈、岑、李、翟、麦、黄、蒋等姓逐年迁入，凤溪村现有盘、刘、陈、蒋、岑、李、翟、麦、黄等9大姓，是一个典型的瑶族聚居村落，全村1790人中，瑶族人口约占90%。最早的瑶寨建在观音山的半坡上，逐步往山脚下延伸，经历了多次迁移，形成了现存的村落。

三、村落布局

（一）外部环境

凤溪村背靠都庞岭海拔1857米的北卡山，头枕古树参天的观音山，整个瑶寨坐落在斜坡上，公路一直修到村边。由于观音山下向南北延绵的头髻岭和路塘岭，宛如一只栩栩如生、展翅飞翔的凤凰，一条流水清碧的山溪从西岭山的密林幽谷中潺潺流出，由村中的山坳间逶迤而过，形成了一种独特的地貌形态。缘于文化相关、特征相似、地域相近，因此而得"凤溪"之雅名。

驻足峰峦之巅，放眼苍穹，湛蓝的天，众览群山小，宽大天无垠；再看近处，郁葱的植皮，怪奇的山石，无一不让人有如入仙境之感。俯瞰凤溪瑶寨的村容村貌，傍水依山而建的古民居、桥梁、宅第、庙宇鳞次栉比与青山绿水、田园山村融为一体，形成了一道道独特的景观。

（二）内部格局

走进凤溪村，只见两侧溪水绕村。村民引溪水进村，溪水沿着巷道的排水沟流淌，顺着山绕过石，迂回曲折叮咚有声。两米余宽的石板巷道全是斜坡，七拐八弯，参差不齐的屋角也很少是直角的，而这样的古代村落其门面完全是按照明清时期的商业街市而建造的。主巷道宽约2～3米，有石花路面、石板路面和卵石路面。村内，民居典丽、红墙黛瓦古色古香，楼台飞檐翘角伸展，街廊典雅，古风淳朴。门楼屋宇、神庙寺观、祠堂戏台、风雨廊桥等均出自明代。有3座门楼、3座风雨桥、3座宗祠、1座七星行宫庙、1座书院、2座庵、1座石拱桥及古民居40余座，总面积91200平方米。

▼ 凤溪阁（隆琦东／摄）

四、经典建筑

瑶族风雨桥群

富川瑶族风雨桥的典型代表作是石券廊桥，它集纳北方石券、南方亭阁、瑶族杆栏和徽派马头墙五位一体，融合交通、避雨、歇息、集会等功能于一身，荟萃风水、风光、风情、风貌于一景。石券廊桥、砖木混构、顶盖青瓦、马头骑墙，飞檐重山、吊脚杆栏、桥亭阁廊、浑然天成，风格典雅别致，为中华古建筑史上的一大奇观。

正因为其形制奇特、造型优美、工艺精致、独具民族特色，"富川瑶族风雨桥群"于2013年被国务院公布为第七批全国重点文物保护单位。

凤溪村现存"朝阳""福寿""青松"三座风雨桥，是富川遗存古风雨桥最多的村落。

神亭阁古戏台

贺州现存建筑年代较早的古戏台是富川城北镇凤溪村神亭阁古戏台，始建于明代后期，清乾隆甲戌年（1754）重修。

此前，凤溪亭阁古戏台建在村头凤溪河对面的半山坡上，距离村子较远，加上地势太高，山路崎岖陡峭，看戏很不方便。后来将戏台迁至村中央，在翟氏宗祠对面，此戏台与翟姓宗祠同期而建，均始于明代后期，经历了400多年历史，历经沧桑，仍然高闶耸立。戏台演绎千秋戏，娱神娱人娱祖先。兴建戏台面对神祖是古代瑶民的文化规制，体现了瑶民膜拜祖神和祈祷未来幸福前程的美好心愿。

亭阁古戏台与陈、翟、岑三姓祠堂及七星行宫等成为一组整体的建筑群。几百年来，这里成为村里的文化娱乐中心。1989年，将戏台全部拆下按原样重修，现列为县文物保护单位。

凤溪阁

凤溪阁俗称瑶族八角楼，以前因悬以鼓，故又称鼓楼。它以盘王印之八角花为意象构造，是瑶寨文明的象征。鼓楼瑶寨里既是议事场所，又是文娱场所。

凤溪阁八角的建筑糅合了瑶家木塔、苗家阁楼和侗家穹顶"三位一体"的建筑形式，可以说与它们既有相似之处，又别具一格。就八角楼的整个形制来看是塔的形、楼的顶，整个建筑玲珑舒展，气势遒劲，其工艺精美，结构严谨，甚有巧夺天工之势。

五、历史文化

（一）民间艺术

凤溪村的瑶民自古就能歌善舞，传承有国家级非物质文化遗产"瑶族蝴蝶歌"和"芦笙长鼓舞"。村里现存的文艺队其前身是凤溪祁剧班。凤溪村翟苟二祁剧班始创于清朝嘉庆年间（1820），是富川有文字记载的最早的戏班。凤溪村的歌舞、桂剧（祁剧）、彩调代代相传，二百余年来村里业余剧团的活动从未间断过。他们明清时期演古装戏，民国时期演文明戏，新中国成立后演现代戏，"文革"时演样板戏，改革开放后演旅游歌舞，总能顺时而变让剧团生存下来，这种现象全国罕见。2011年，在村里排演了一台山寨版的半实景演出《印象凤溪》，引起火爆。《印象凤溪》融瑶族蝴蝶歌、瑶族长鼓舞、桂剧彩调、木狮春牛、瑶锦瑶绣、板鞋绣球、油茶美酒、民俗风情为一体，全部由村民组成的"戏班子"自己演出。

（二）民族宗教

古时凤溪一带也称八坊，八坊分为上半源和下半源。上半源为现二九村，为四坊，包括现在的二九、龟石岭、沙子街等自然村。下半源为凤溪村，也分为四坊，包括凤岭几个自然村，共同供奉"水口庙"（庙址在二九村，主奉刘仙娘）及明鸾庙（庙址在二九村北面与矮岭交界处）。

封山庙

凤溪河上游镇严冲内有一座"封山庙"，碑文记载为"镇岩庙"，建于陡峭悬崖峭壁下的狭小河床边，供奉的是村人自立的百兽之王塑像，为伍猖之神位。据说伍猖乃山兽之王，能保一方平安，免受山中猛兽侵害。

"五猖"传说为邪恶之神，常在人间做坏事，偷东西、调戏妇女、抢

▲ 从上至下：福寿风雨桥（龙琦东／摄）
凤溪翟氏宗祠（王思隆／摄）
凤溪民俗（大赛作品）

劫、放火无恶不作；但他们又喜欢恶作剧，把偷抢某一家的东西，又放到另一家去，要是看某人顺眼，就把所有的东西都给他。老百姓对"五猖"既怕又敬，于是就祭起来以博其高兴，希望可以降福给自己。凤溪村背靠大山，古时野兽猖獗，常伤害人畜和毁坏庄稼，村人建了这座封山庙，每年的冬至是祭祀日，目的是祈求百兽之王镇住其他野兽，不要伤害人畜和毁坏庄稼。另有山神庙一座，名曰"镇严庙"，地处进山主路险峻之处，据说能保佑进山人之平安。古时庙址在现庙址上百步之处，因岩石坍塌将此庙砸坏，现存庙址为民国时期重建，神像被毁于"文革"期间。

老爷庙

"封山庙"东侧是"老爷庙"，隔着一条小溪。老爷庙是一座敞开式的古代建筑，与岭南常见的二进式或三进式庙宇不同，其后墙和左右墙三面用红砖砌顶，前墙敞开，用粗圆木作立柱支撑起屋梁与其他三面墙连接。在后墙的正中央立有神台，神台上供奉着一尊神像。据村里先辈介绍说，"七星庙"又为"祖公庙"，位于村背后半山坡上，四周古树环绕。因安奉九位圣爷，故又名老爷庙，老爷庙先前是为了纪念开村的九位先贤而建的，后来为了纪念护村英雄黄发广的功绩，村人将黄发广的妻子刘新娘的塑像立在庙内供奉。老爷庙一年有四次庙会，分别在农历的三月初二、六月初二、九月十九、十二月二十八。庙会时村人抬着刘仙娘的神像绕村游行，当天晚上将神像置于村中央的神亭供奉一晚。每月的农历初一和十五，还有各个节日，村人都到庙里上香。重大节日庆典时，村人还将自家新纳的花布鞋摆在案台上供奉，纪念这九位先人在南宋时期不远千里来到凤溪，才形成村庄并且使其一天天兴旺发达起来。

锁水禅寺

锁水禅寺位于凤溪村内，是佛教弘法地，为村民所建。始建于清朝乾隆年间，距今有300多年历史。寺庙在"文革"时期一度圮毁，于1998年修缮恢复。锁水寺占地面积1200平方米，其中建筑面积500平方米。寺院分前后两座大殿，前殿为"弥勒殿"，主奉弥勒菩萨；后殿为"大雄宝殿"，主奉佛祖释迦牟尼佛、药师佛、阿弥陀佛、与观音菩萨、地藏王菩萨，寺前为香客休闲坪地，立有罩壁一面，壁面书有"庄严国土，利乐有情"字样。院内溪水潺潺，小径曲环，是为修心清静之地。

该寺庙一直以来均为出家僧人与佛教皈依弟子，清修、礼佛及学习佛法活动场所，每逢月度初一、十五以及佛教规定纪念节日均有佛教法会及相关佛事活动，深受广大信教群众的供奉和敬仰。寺庙于2011年5月依法登记设立为固定宗教活动场所。锁水寺现住僧人住持及弟子两人，目前住持释高行，是政协第八、九届富川瑶族自治县委员会委员。

醉在凤溪

池惠琼

水是眼波横，山是眉峰聚。眉眼盈盈处，醉美在凤溪。

凤溪瑶寨坐落于美丽的都庞岭山脚下，背靠巍峨壮观的北卡山，头枕古树参天的观音山。由于观音山下向南北延绵的头髻岭和路塘岭，宛如一只栩栩如生、展翅飞翔的凤凰，一条流水清碧的山溪从西岭山的密林幽谷中潺潺流出，由村中的山坳间逶迤而过，形成了一种独特的地貌形态。缘于文化相关、特征相似、地域相近，因此而得"凤溪"之雅名。

凤溪，是一座拥有800多年历史的"中国少数民族特色村寨"。这里，天还是那么蓝，风还是那么轻，目光所及皆是美景。一条条蜿蜒的溪流，一座座层叠的山峰，一棵棵枝繁叶茂的参天大树，仿佛直通天上云间，房屋错落有致，楼台飞檐翘角伸展，花窗木廊，古色古香，清幽静谧，韵味十足，令人赏心悦目。

凤溪靠山临水，屋后的观音山是北卡山的11座姐妹山之一，因山形酷似观音而得名，至今仍保存着一片年代久远的原始次森林。这里，峰峦叠翠，古木参天，植被密覆，并且物种丰富，有杨树、槐树、梧桐、松柏、柳树等多个树种，一切都显得格外恬静安逸。在通往观音山顶峰的路上，山路时而陡峻时而舒缓，委蛇曲折，偶尔溪流横路。

驻足峰峦之巅，放眼苍穹，湛蓝的天，众览群山小，宽大天无垠。再看近处，郁葱的植被，怪奇的山石，无一不让人有如入仙境之感。俯瞰凤溪瑶寨的村容村貌，一幢幢现代民居与古色古香的瑶寨建筑相映成趣，与青山绿水、田园山村融为一体。举目眺望，勤劳的人们在广阔的田野上默默耕作，牧归的孩童哼着童谣悠然自得。不远处，几处农家小院临水而居，静静散落在风雨桥畔。夕阳余晖下，炊烟袅袅，阵阵油茶醇香随风飘来，沁人心脾。古村与新农村相互映衬，一派"古树、小桥、流水、人家"的祥和景象。

有山必有水，有水必有桥。在潇贺古道上最富民族特色、名闻遐迩的就数凤溪的"朝阳""福寿""青松"三座风雨桥了，　也称之为"姐妹桥"。瞧，这座建于明万历三十年的朝阳风雨桥，横跨于凤溪村里小小的溪河上，历史悠久，可是国务院2013年公布的国家重点文物保护桥梁哦！桥体造型与廊周相仿，房桥连体，屹于涓流之上，藏于古槐之阴，倚碧楼天，爽气悠然，移步其间，往返桥上，聆听蛙咏蝉鸣，曲水回唱，实有"万般清幽，百感怡情"之慨。

与朝阳桥遥遥相对的还有一座就是福寿风雨桥，建于清道光八年，距今已经182年历史，乃九姓村人集资合建。桥体清俊逸朗，揽山聚水，抱翠环碧；桥畔清湍飘玉，花柳入烟，虫啼鸟鸣，是谓"美景虹桥""玉带银载"，谓之"福寿"，故风雨桥也成了具有镇邪和聚财功能的风水桥。又喻安居乐业，风调雨顺，国泰民安之意。

这不，累了疲倦了，在桥上歇歇脚，热了在桥上乘乘凉，口渴了在桥上喝喝茶，下雨了在桥上避风雨，闲暇时还可在桥上读书、聊天、话家常，尽享悠闲慢时光。

倚栏望景，风雨桥飞檐翘角，古色古香，纵观风雨桥的整个建筑结构，不用一钉一铆，全是木料凿榫衔接，横穿竖插，古朴而壮观。"万籁清幽"匾额悬于桥梁建筑之上，字体苍劲有力，古风古韵，意境高远。桥的长廊和楼亭的瓦檐头均有雕刻绘画，人物、山水、花、兽类色泽鲜艳，栩栩如生，风格古朴厚重，可谓低调的奢华；桥的两侧设有条凳，过往行人可以在此纳凉歇息。桥面架杉木，铺木板，走上去踏实而舒服，让人不得不由衷地为先贤们的智慧而叹服。

凤溪除了古巷道、古庙宇、古民居、古祠堂、古凉桥、古亭阁、古门楼……古戏台也自成一景。多少波澜壮阔、哀婉缠绵、忠孝节义的故事在这里粉墨登场，剧情曲折委婉，演员水袖轻舞，出神入化，观众如痴似醉。身临其境，恍如梦境，即使时光流转，站在这里仿佛还是可以听到节奏铿锵，锣鼓之声，出将入相，就是一台好戏。

凤溪瑶寨民间艺术饮誉四方，这里的阿哥阿妹能歌善舞，多才多艺，被人们称为"会说话就会唱歌，会走路就会跳舞"。在长期的生产劳动过程中，凤溪人积累和创造了颇具特色的传统文化。蝴蝶歌、原生态芦笙长鼓舞……山号清亮、蝶歌传情，瑶风盎然。据史料记载，富川瑶乡最早的戏剧班（即桂剧）就诞生在凤溪村，早在清朝嘉庆年间，凤溪村就有了自己的戏班子，戏剧表演艺术更是源远流长，祁剧、桂剧、彩调，代代相传，二百余年里村里业余剧团的演出活动从未中断，传承的国家级非物质文化遗产"瑶族蝴蝶歌"和"芦笙长鼓舞"是凤溪乃至潇贺古道上的一张特色文化名片。

村里现存的文艺队其前身是凤溪祁剧班，迄今还一直保留着传统的瑶族民

▲ 凤溪锦绣（唐恩仕／摄）

间文化，经常开展"击鼓传球""背新娘""坐花轿"等民俗文化活动。在这里，每逢农历正月十五举行庙会，九月初四唱大戏，八月十五中秋节，就是凤溪赶"会期"好日子，这时候，有村民自编自导自演的歌舞表演，还有庙会和祠堂的祭祀，比过年还要热闹呢。

徜徉在凤溪瑶寨，领略凤溪山眉水眼的神姿，细致体味历史风尘的遗韵，感受悠久的历史和深厚的文化底蕴。置身其中，仿佛伸手便能触及过往古人的斑驳碎影。刹那间，恍若穿越时空隧道，任由时光倒流千年。

来凤溪，听泉溪流淙，看只此青绿；来凤溪，观古寨炊烟，听廊桥夜话；来凤溪，看长鼓翻飞，听蝶歌婉转；来凤溪，喝大碗油茶，品小锅米酒。情满心池，醉在凤溪。

千年长鼓 舞动瑶乡

——中国少数民族特色村寨虎马岭村

▲
芦笙欢歌过新年（李成华／摄）

古村推介词 gucun tuijieci

虎马岭村推介词

一盘头巾，裹着生命的坚强；一身斑斓，绣着民族的成长；

一把芦笙，集结前行的力量；一支长鼓，挺起大山的脊梁。

这里是芦笙长鼓舞的原乡，国家非物质文化遗产瑶族长鼓传承基地。虎马岭，一个沉寂了千年的瑶寨，凭着一支长鼓一把芦笙，数度登上"热搜"，获奖无数。数次进京表演，两次得到毛主席、周总理等党和国家领导人接见；多次出国出境，东亚西欧奏响芦笙长鼓。

虎马岭，中国少数民族特色村寨第一批自治区传统村落、第一批中国传统村落。

▼ 虎马岭鸟瞰（周海林／绘）

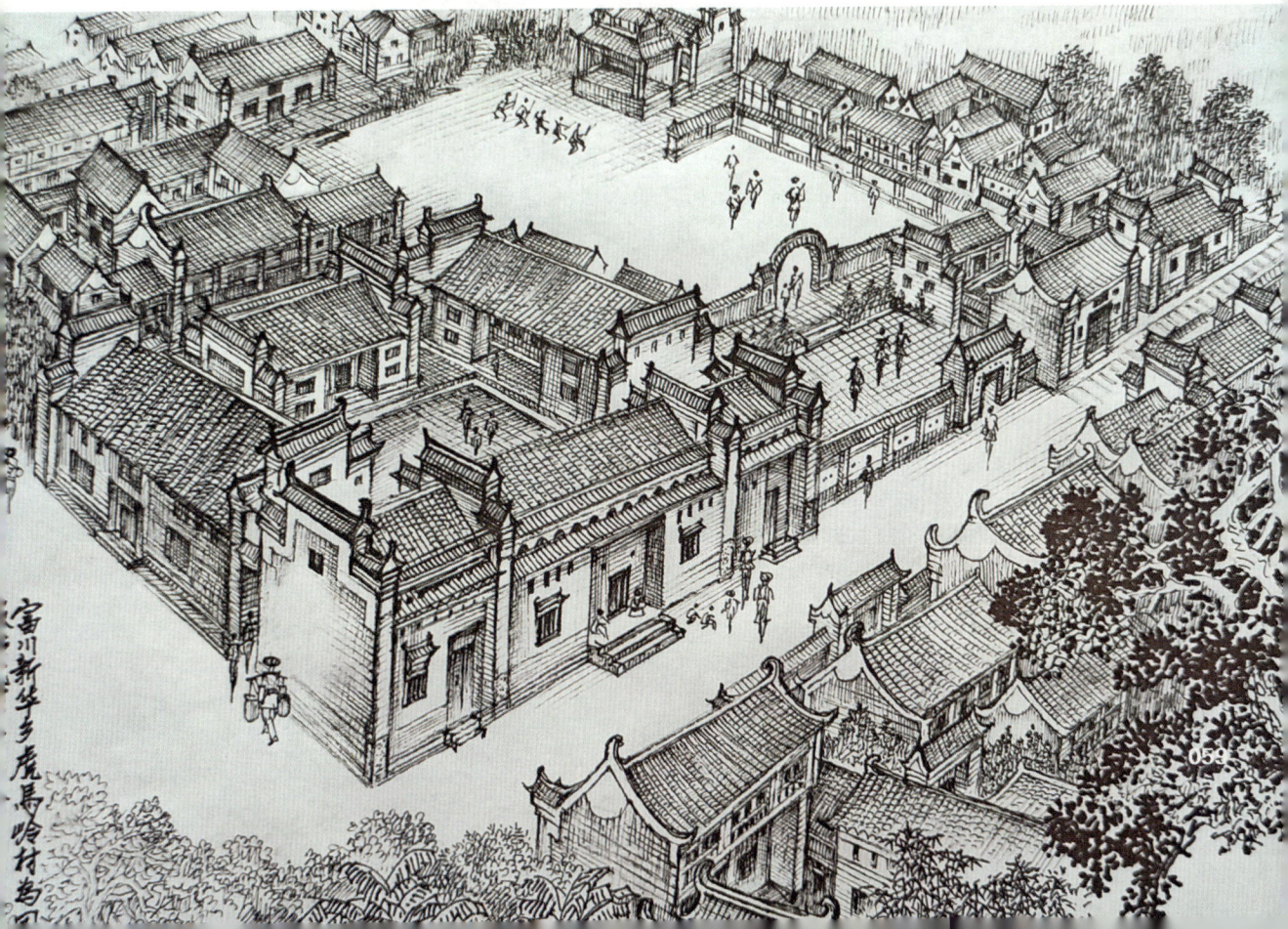

▲ 民居特色（黄忠美／摄）

一、地理位置

虎马岭地处桂湘边界，位于富川瑶族自治县新华乡东南面，全村有一百多户，四百多人口。共有耕地面积四百六十亩，其中有水田237亩，旱地223亩。全村以种植三华李、春米桃、烤烟、玉米等农作物为主。

二、历史沿革

虎马岭村的始祖宗啟公是工部侍郎，奎章阁学士，千户侯峭山公后裔分支的其中一脉。最初由广西梧州府苍梧县迁到平乐府富川县白沙村立籍。嘉靖年间，先祖又把家迁往湖南省江华瑶族自治县涛圩下半团八屯洞客姑井，在这里生下贵二公，贵二公又生下胜远公。明朝万历年间，刘家村刘芳贵将一令爱许配给胜远公，夫妻生下三个儿子：长子黄万魁卜居到广西贺州桂岭；次子黄万靖仍刘家村守业；三子黄万进到广西富川县新华乡斗米岗岩仔角定居。黄万进又有三个儿子：长子赤生到杨梅树村定居；次子赤应到面前岗村定居；赤应膝下有两个儿子：戍奴、兵旺。兵旺的长子法祯，见这里三面环山，土地肥沃，宜居宜室。于是决定定居虎马岭村，晴耕雨读，安身立命，开枝散叶。

三、村落布局

（一）外部环境

虎马岭现存的村落始建于明末清初时期，距今已有400多年的历史，村落依山傍水，风光绮丽。

村后是绿色葱茏的寺头山，右边是连绵的沙石头山、额头山、大面旗；旁边还有两座小山，一座是神仔头山，一座叫下仔山。山形势如龙马，岭丘犹若虎豹，故曰虎马岭村。

村前一条清澈的小河从龙集流经上坝，又流经虎马岭村，汇入松塘水库。河水像一泓乳汁，哺育了这一方水土，这一方人。村子前面是半月形的一排古树。树种有龙树，皂荚树，盘筋树。它如同一道绿色巨屏，护卫着安详静谧的古村。

（二）内部格局

虎马岭村五十几座三间堂平列式的民居，都是原迁徙地与南岭本土建筑风格融合的产物。彰显了虎马岭先祖的智慧和才干。

走进虎马岭古村中心，有黄家大宅四座，四间大宅平列相排，飞檐翘角，气宇非凡，相映成趣中又给人以无上的威严感。四屋之中有古门楼一座，入门进院便是瑶族文化演艺广场，广场设置表演戏台，是村民向专家学者与广大游客表演民族歌舞的场地，这里每年都接待着一批又一批的研学团队和旅游嘉宾，是村中文旅交融互动的中心所在。

穿过村中小巷，便是古村民居街巷，村落街巷有瑶民围屋，古朴素颜，典雅精美。此外村庄之内，有乡村民屋，尽显瑶民生态的人文生活情韵。

四、经典建筑

长鼓舞传承广场

▲ 长鼓舞传承广场（黄忠美／摄）　　**061**

▲ 国家非遗富川长鼓舞（大赛作品）

五、历史文化

（一）民族文化

瑶族盘王节

　　瑶族崇拜盘王，把他作为本民族的始祖、民族英雄和传授生产生活知识的神。盘王节是瑶族祭祀祖先盘瓠的重大节日，全球海内外的瑶胞都十分重视这一民族祀典。但凡在瑶族地区，每年的农历十月十六日，瑶族男女老少都要穿上自己民族的节日盛装，聚居在一起唱歌、跳舞，欢度盘王节（也称"跳盘王"或"调盘王"）。他们唱的歌是以《盘王歌》为主的乐神歌曲。跳的舞则是每人手拿长约80厘米的长鼓作群体舞蹈。

关于盘王节、盘王歌以及长鼓舞，都有它们源远流长的来历。有关瑶族地区过盘王节的古老风俗，早在晋代干宝的《搜神记》、唐代刘禹锡的《蛮子歌》、宋代周去非的《岭外代答》等典籍都有载述.《岭外代答》中说："瑶人每岁十月，举峒祭都贝大王于庙前，会男女之无实家者，男女各群连袂而舞，谓之踏瑶。""踏摇"即是"跳盘王"（还盘王愿）。

芦笙长鼓舞

有瑶学专家说：瑶文化就是长鼓文化。长鼓是瑶族的重要文化标识，认定他是不是瑶族，就看他会不会跳长鼓舞。

在富川的民间舞蹈中，瑶族长鼓舞有着极其重要的地位，是中华民族文艺百花园中的奇葩，也是中国舞蹈宝藏中的经典。

富川新华的瑶族长鼓是世界上最大的长鼓，20世纪50年代被国家民族博物馆珍藏。富川的芦笙长鼓舞在原始传统长鼓舞的基础上，伴以芦笙、唢呐、锣鼓、号子、大歌。舞姿矫健刚毅，动作粗犷豪放，风格古朴淳雅。20世纪50年代还曾到北京中南海怀仁堂为毛泽东、周恩来等党和国家老一辈领导人演出过。

虎马岭村是国家的非物质文化遗产"芦笙长鼓舞"的传承基地。富川芦笙长鼓舞被列为第一批国家级非物质文化遗产名录。

虎马岭村原汁原味地传承了九套芦笙长鼓舞，其套路是：头拜上四拜、美女双双、坐堂齐、竹鸡爬泥、左边七、五足尖、三人舞、堂堂上、东北鼓。后又在此基础上又创编了三套：踏九州、赶羊舞、芦笙长鼓踏歌堂。现有传承人骨干：黄道胜、黄光语、黄道建、黄小斌、黄得仁、黄金旺、黄得贞、黄得怪、黄道学、黄道旺、黄存书、黄道娥、黄冬英、黄春花等三十三人。全村传承队伍有老、中、青、少年结合，达到六十多人。一到收工或空闲时，黄道胜就组织队员们练。

（二）名人轶事

黄进龙

黄进龙是芦笙长鼓舞师父黄明灵和黄明顺的弟子。在学习吹奏技巧的同时，虚心地向前辈求教芦笙、长鼓的制作手艺，终于把制作芦笙的全套手艺：选材、创料、钻孔、切簧片、磨黄片、装簧片、插管、试音定调、调音、上竹箍、上漆的工艺流程娴熟掌握。他还把芦笙长鼓舞的旋律融入到平地瑶山歌，南岳木头狮子表演中。一九五七年，黄进龙和大井村的任天玉、任善举等十人，晋京演出。得到了党和国家领导人的亲切接见。一九六四年，黄进龙再次随队到首都北京为中央领导人献艺。多年以后，由他创作、汇编的九套芦笙长鼓舞，编入到了《中国民族民间舞蹈集成·广西卷》中。

黄道胜

黄道胜是国家非遗传承人。他在黄进龙传承的九套芦笙长鼓舞的基础上，又挖掘，创编了三套，踏九州（前面有师公领舞）、赶羊舞（中间有活羊，四人抬羊，祭祀盘王）、芦笙长鼓踏歌堂（男女在中间对歌，芦笙长鼓表演者围绕而舞）。使芦笙长鼓舞节目更加丰富多彩，达到了十二套。

▼ 长鼓舞传承（林振玉／摄）

飘洋过海长鼓舞

黄忠美

虎马岭村的芦笙长鼓舞的演员们都知道，村中的舞者有在六十年代上过北京为中央首长演出，还得到了毛主席、周总理等党和国家领导人的亲切接见。

可他们做梦也没有想到，他们的芦笙长鼓舞会跳到外国去。当黄道胜接到这次出国文化交流任务时，他激动得几天几夜都睡不着。接下来的日子里，就是挑选出这次出国演出的队员。定下人员后，黄道胜又马不停蹄地排练。他暗暗下了决心，一定要让外国人领略到南岭瑶族独特的舞姿，感受到中国瑶族芦笙长鼓舞独特的魅力。

那天，黄道胜带着虎马岭瑶族长鼓舞的队员，同行的还有北卡布洛的乐队。他们在团长时任县委宣传部孔令芬部长的带领下，拿着家什，漂洋过海，来到了美丽的摩拉瓦河河畔，来到了捷克奥洛穆茨州。他们此行的目的，就是受邀参加第二十九届"民俗年艺术节"。本次文化交流档次很高，由捷克共和国国际民间艺术组织，大比斯特日采市主办，捷克、斯洛伐克、中国、匈牙利、佛得角五个国家共二十支技术精良的艺术团参加。

富川的民间艺术家们，在那里共进行了五场演出。其中最难忘的是在澳洛穆茨广场的国际舞台上的表演。

轮到代表中国的富川瑶族帅哥美女上场了。四个穿着瑶服的女子，正在北卡布洛乐队的伴奏下，异国他乡的舞台上，演绎着南岭瑶乡的《星空》：月光如水，星斗满天，萤火虫屁股亮晶晶地在稻草垛，在菜园子里……飞来飞去。老老少少在窄窄的巷子里纳凉，说它窄，是因为谁家炸了糍粑，谁家蒸了米粉肉，那香就在巷子里走，从东家飘到西家。村里的好婆婆、好媳妇、致富能手、乡贤的故事，也会像一阵风从南家，吹进北家……

中西混搭的歌曲，融入了瑶族文化，向黄头发、蓝眼睛、白皮肤的捷克人娓娓道来。《星空》表演完了，他们又表演《阿姐出嫁》。在那优美的音乐声中，我们看见了阿姐罗曼蒂克式的爱情。

那些用泡桐制成的长鼓，用竹子制成的芦笙，浓缩了瑶民犁田耕地，锄山挖岭，播种插秧，收禾收豆……浓重的瑶族之音，向捷克人民现场直播了一版"中国瑶族影像地方志"。

当黄道胜和村中的队员，穿着民族服装，站在舞台上时，台下的捷克观众耸了耸肩。他们认为这么老土的乐器，太不可思议。有的观众还用英语说了声：Oh, my God！（我的天）。

场上静悄悄的，没有一点声音。黄道胜，双手捧着芦笙，两瓣厚厚的嘴唇贴上了芦笙的吹口上。他舞动手指，鼓劲腮帮子，犹如一颗乒乓球大的喉结上下起伏，气流从口中缓缓进入芦笙，黄鹂鸣翠柳的声音惊动四座。在芦笙手的带动下，那些柳叶眉的瑶家姑娘，瓜子形的脸蛋上，荡着微笑，樱桃小口轻启，扭动着水蛇般的腰，小长鼓手用白藕般的手，上下挥动手中的长鼓，长鼓的羊皮发出"咚咚"的声音。小锣演奏者用左手把小锣虎口紧紧抓住，像夹住一本讲义。右手拿着用竹片削成的签击打着小锣。脚步、手、口都在不停地运动。脚的动作时而一个个大摆步；时而又来一阵小踹步；时而又是一个转圈。所有的演员继而是两个双踢步动作，右踹步动作，坐堂柔和动作，下蹲勾步动作。半蹲、全蹲时，双手向左向右摆动乐器。舒缓时如微风拂柳，欢快时如雨打芭蕉，急促时如闪电雷鸣。有时候，执紧乐器，双肩平肩，乐器忽左忽右，脚步时轻时重，踏地有声，让人看似"白鹤亮翅"，又宛如"山猴跃涧"……让人看得眼花缭乱。那是平地瑶刀耕火种，油烟深处的呈现与倾诉。而边舞边喊号子的舞者，口中粗犷的声音掷地有声。

嘿嘿！嘿！嘿！

嘿，嘿，回吧，回吧！

这粗犷豪迈的一嗓子，把澳洛穆茨广场上的观众带入了一个奇异的世界。

只见长鼓劈啪雄浑，芦笙唏嘘清爽，号子啧啩高亢，舞步铿锵有声，舞姿剽悍雄奇。鼓笙喧天，歌号动地，山鸣谷应，激情飘荡，野趣横溢，炫目销魂。场面壮观，活力无限。

在舞乐声中，瑶族从远古走来，过九州、开梅山、垦荒拓疆、保家卫国、狩猎劳作，建设家园的画面，向捷克人民和盘托出。

排山倒海的号子，行云流水的舞姿，让外国的观众听到了富江水的涌动，群山中的鸟鸣，玉米的拔节的声音和油茶飘香的感叹；看到了瑶家龙腾虎跃的身影，奋进前行的脚步和奔腾不息的文化……

异国他乡的捷克人发出了一声，英文的（威力固得）非常好。

人群里爆发出经久不息的掌声。

富川瑶族芦笙长鼓舞，终于冲出了国门，走向了世界。

第三章

千年流觞话古村

潇贺古道入桂第一村

——第五批中国传统村落岔山村

村一第道古贺潇

古村古韵喜迎八方

古村推介词 gucun tuijieci

岔山村推介词

是谁把秦皇汉武的车马，遗落在这远山僻壤？是谁把挑夫过客的陈年旧事，珍藏在这茶锅酒缸？是谁把悬崖峭壁的石板，随手铺陈得如此地老天荒？是谁把唐诗宋词的书吧和明月清风的淡雅，随意挥洒在这烟熏火燎的断垣残墙？让这座失恋多年的古老山村，顿时咸鱼翻生，重温旧梦，网红打卡，人气爆棚。

岔山，第一批"全国乡村旅游重点村"；第五批中国传统村落；第二批自治区传统村落；广西少数民族特色村寨。2020年被评为中国美丽休闲乡村。

▼ 岔山风雨桥（周海林／绘）

▲ 岔山文旅

一、地理位置

岔山村，位于桂湘边界处，距县城35公里，离朝东镇政府5公里。该村东面与东水交界，南邻秀水，西北两面与湖南接壤，秦汉时期从中原通过潇贺古道进入岭南的第一个入口，是镶嵌在潇贺古道上的一颗璀璨明珠。

二、历史沿革

岔山村由杨、何、孟三个姓氏先祖分别于明代初期先后沿潇贺古道进入岔山定居，繁衍生息，距今已经有600多年历史。岔山古村是秦汉时期从中原通过潇贺古道进入岭南的第一个入口，境内有"潇贺古道入桂第一村"的关隘门楼。岔山自古以来就是岭南地区传习中原文化的先驱地和交融地，它得益于古道交通便利而成为繁华的古集街圩。其成形于明代之初，兴盛于明代中期。该村之中有近两百米的潇贺古道主干街，村街昔日，门开百业，商铺连锁，业态活跃，是古道上人商相旺的著名驿站，曾展示过荣华万千的景象。如今人们仍能从那些古宅院的沧桑斑驳的古墙绘中，窥看到岔山古街的繁华过往与荣光遗韵。

三、村落布局

岔山，既是山名，也是村名。天降奇石，山开两岔，这是山名的来源。岔山，是岔山村后的后龙山，山势雄奇，巍峨险峻，古木参天，是湘桂交界的天然屏障，雄关锁钥，北面属楚，南面属越。

岔山田园优美别致。田在岫山下，屋在田园中，村傍山跟脚，桥渡如彩虹。岔山四周秀峰夺奇，山环水绕。青石板铺就的潇贺古道从北向南穿村而过。村街内有城墙护所、马帮驿站；门楼祠堂、飞檐高翘；幽巷曲道，民居层叠；深宅小院，店铺林立；古朴沧桑，幽悠古韵。

四、经典建筑

兴隆风雨桥

兴隆风雨桥横跨于岔山村的小溪上，始建于清嘉庆十八年（1813）的一座木梁桥，两端桥台使用料石砌筑，木梁粗大（直径22厘米～24厘米），杉木制作，木梁上铺木板为桥面，桥面上架设进深八间、斗式木构架、小青瓦屋面的桥廊和桥亭，桥亭设两层，歇山屋顶，桥头两端建马头墙入口。桥总长22.34米、宽6.20米。桥跨为6.36米，桥亭高约7.15米。兴隆风雨桥占地面积为138.5平方米，建筑面积为145平方米。

五、岔山新视角

岔山村原来是一个贫困山村，225户农户中有100户是贫困户，贫困发生率曾将近40%，农户靠天吃饭，收入来源单一。近年来，当地政府和旅游部门在该村大力实施旅游扶贫，促进了该村的生态旅游和产业发展。尤其是从2016年开始，通过"古道+美食+互联网"旅游开发模式，为这个藏在深山的古村打造出了一条有扶贫超市、特色美食店、农家乐、烧酒铺、书吧屋等各类特色商铺的古道旅游商业街，古道重现繁荣，旅游扶贫走出一片艳阳天。岔山从一条牛屎街变成网红街；从一条落后的乡村小道，变成全国各级媒体争相报道的特色古道，从远在深山无人问的偏僻山村，便成了游人如织的第一批"全国乡村旅游重点村"。

（以上由佬歌整理）

▼ 岔山南入口

油茶

古老的驿站（网络图片）

古村品读 gucun pindu

透过历史的烟云

何宪生

因了潇贺古道入桂第一村的名头，昔日籍籍无名的岔山村，已是一个最值得你一生必去一次的历史文化名村了。

去岔山吃梭子粑粑。一大早，就接到了友人的邀约，因为有朋友自远方来。初夏的太阳温馨而从容，一如村前那片开阔平整的荷田，和风微醺、小荷才露。四周奇峰罗列的几座山头，与村前这个开阔平整的荷田一同勾勒出了一个山环水绕、风光旖旎的田园风光。要是少了这片荷田秀色的点睛之笔，岔山的古韵定会失色不少。

来过岔山才了解到，岔山是一个有六百多年历史的古村落，她曾是潇贺古道上一个商业繁茂的商旅集散地，她曾随古道的兴盛而繁荣了五百年。当年曾经在楚越的大地上发出过耀眼的光芒，后来古道废弃后，没了商旅往来的岔山也渐渐衰落了，独自伫立在僻静山野里，追忆那些逝去的繁华旧梦。百年之后，还有谁记得，荒芜的古道上，曾经隐逸了一段过往千年的前尘往事；一个小小的古村落，也与千里之外的古代海上丝路扯上了千丝万缕的因缘；透过历史的烟云，又有着怎样谜一般的前世今生。我知道，我的文字仅只是晨光熹微，无法照彻岔山那曾经久远而深沉的过去，然我依然喜欢用我粗浅的笔墨把那些斑驳的陈迹从历史的泥淖中抠摸出来，清洗、打磨、抛光，修旧如旧，意图尽可能清晰地呈现她焕然一新的风貌和古朴盎然的韵味来。

走遍岔山，发觉古村里的古民居清一色的都是明清古建筑，古民居在瑶乡到处都是，随便走进哪一个村寨，不是撞上了唐宋的风月，就是踩踏了明清的江山，像一个明眸皓齿的瑶乡女子，即使只有一次擦身而过换来的竟是千百次地深情回眸。我穿行在岔山那些看似极普通的寻常巷陌中，实则多是累积了几百上千年的光阴和故事。那些古旧的房舍，斑驳的墙体，潮湿的青苔，还有那些倒塌的房屋，几节颓废的断垣残壁，或一块荒芜的空地，都能钩沉出几段曲折动人的历史和文化。

岔山赖以成名的自然是那条闻名遐迩的古道——潇贺古道。潇贺古道入

富川岔山

秦漢瀟賀古道入桂第一村是秦漢時期從中原面向瀟賀古道但入嶺南的第一入口坐落於西賀州市富川瑤族自治縣朝東鎮君子行里明代初期興盛於明代中期距今已經二百多年實為歷史悠久古村落

2020年冬於富川書
黃陵夕明

桂第一村，这个响亮的名头甫一面世面，就招致了四面八方的游客蜂拥而至。这年头，大家早已看腻了那些所谓的特色小镇，那些现做现卖的人造景点。而像岔山这样原汁原味而又历史悠久的古村落才是人们想要品尝的陈年佳酿。进入村口，最先看到的就是一条青石板路由北向南从村中蜿蜒而过。青石板厚重而坚实，每一块都有一米见方大小，仿佛一部部岁月的留声机，将两千年的光阴和故事浓缩在里面，供人慢慢品尝和鉴赏。

走进村口，就是一座建造得非常牢固而又实用的风雨桥。桥边立着一块一米多高

▲ 岔山遗梦（何明 / 绘）

的木制牌匾，我俯过身子仔细看了一番，见上面介绍说这座桥叫作兴隆风雨桥，建于嘉庆年间，已有两百多年历史，风雨桥显然要比村庄的历史短得多。透过桥名，也能感受到一丝岔山昔日的商业韵味，兴隆，暗喻生意兴隆，既是对岔山商业繁荣的真实描写，也是对自己生意的美好祝愿。

　　拐进风雨桥，桥上乘凉的一位孟姓大爷告诉我，当地人把风雨桥叫作凉桥。平时人们可以在桥上乘凉休息，以前有湖南那边的客人到广西来做生意或者是广西人到湖南去贩卖东西，走累了也可以到桥上来休息。遇到雨天，还可以到桥上避雨。这种桥就是根据这里的气候条件和行人的需求设计建造出来的。在四百多年前的富川瑶乡，工匠们就具有了如此深厚的人文关怀素养，实在令人可歌可敬！

如今来岔山的游客，除了必走必看的潇贺古道，就是想体验一把岔山的美食。在岔山的几大美食如腐竹、凉粉、米豆腐、油茶和梭子粑粑中，最引人瞩目的首先当属梭子粑粑，其次才是油茶、凉粉、米豆腐和腐竹等。所以我们本地人要是哪天嘴馋了想去岔山了，开口是说，好久没去岔山了，去岔山吃梭子粑粑，约没？在岔山吃粑粑，必定要用油茶来搭配。油茶本是瑶乡瑶族同胞日常生活中，平常得不能再平常的一种茶饮，在岔山，硬是被岔山人弄成了梭子粑粑的绝配或者是顶配。吃梭子粑粑不喝油茶，那绝对是来岔山的一大遗憾。

这次一同游玩采风的有南宁、百色、河池，以及柳州、钦州、贺州多地的朋友。吃梭子粑粑喝油茶的时候，还上了酸辣杂鱼，酸辣粉条，尖椒炒腊肉，酸姜糟辣等特色菜肴，甚至连那个咸粑粑都是辣的，几乎是无辣不成席。这些朋友很多是平时不粘辣椒的，很多人吃得是不亦乐乎，有的甚至热汗直流，直呼过瘾。其实这也不难理解，岔山是古道由湘入桂第一村，不仅在文化上率先得到来自中原文化的传播，就连饮食也已深受湖湘文化的影响。

新中国成立后，由于附近省道公路的开通，潇贺古道渐渐没落了，昔日繁华的岔山村繁华不再。听当地人讲，在离村不远的树林里还保存着一截四五十米长的石板路。我们顺着村中的石板路左顾右盼地往东走，到了村子东头，远远看见一个古老的石砌拱门横在路中，这个拱门是汉代的古隘口，以前是有重兵把守的，是中原进入岭南的北大门。这个拱门全用大青石条砌成，虽历经两千年岁月，依旧屹立在古道上，向人们无声地倾诉那逝去的峥嵘岁月。

岔山，既是山名，也是村名。天降奇石，山开两岔，这是山名的来源。 岔山，是岔山村后的后龙山，山势雄奇，巍峨险峻，古木参天，是湘桂交界的天然屏障，雄关锁钥，北面属楚，南面属越。古道穿山峡而过，自古是兵家必争之地。山上设有烽火台遗址。我顺着古栈道拾级而上，栈道狭窄而险峻，台阶上铺满了枯枝败叶，泥痕苔藓，栈道两旁，长满了杂草灌木，古藤青蔓。栈道的上空交错的枝叶遮天蔽日，怒目凌空。上得山来，已是全身大汗淋漓，双腿麻木，气喘如牛。会当凌绝顶，一览众山小。站在烽火台上，极目远眺，莽莽苍苍的桂东、湘南大地，尽收眼底。都庞岭的层峦，如无数高耸的波峰浪谷一般，从西北尽头处滚滚而来，又向东南远处呼啸而去，苍茫而辽远，摄人心魄。问苍茫大地，谁主沉浮？难怪当年伟人登临橘子洲头，面对波涛滚滚、苍茫浩瀚的湘江，发出了这令人荡气回肠的千古一问。

如今国富民强，太平盛世，雄关虚设，那些曾经驻关的兵营，早已淹埋在了历史的烟云之中。岔山关，这个昔日潇贺古道上威名赫赫的驻军营垒，已成为楚越交界上的一个瑶汉古村落。成了第一批全国乡村旅游重点村和五星级乡村旅游示范区。

古道有东水 双溪生古村

—— 中国传统村落东水村

东水村推介词

　　东水，与秀水毗邻。一样的年代久远，一样的名门望族；一样的山明水秀，一样的人文风情。

　　遮天蔽日的后龙山，飞檐翘角的风雨桥，碧绿清澈的东水河，还有那唱响浪花的古戏台，无言伫立，却又娓娓述说着东水村1300多年的历史和文化。古街巷、青石板、古樟树、文昌阁，都是讲故事的好手，把东水古村一路走来的细节，表述得如诗如画。

　　东水村，第二批自治区传统村落，第五批中国传统村落；富川村级古建筑群唯一被列为广西重点文物保护单位的村落。

▼ 东水风貌（周海林 / 绘）

073

▲ 东水民居（周海林／摄）

一、地理位置

东水村是位于富川县西北面的朝东镇，距离县城30多公里与秀水村紧邻，山水相依，田园相望。这个村落一条河流自东往西流淌，名叫东水，村子依东水而建设，名为东水村。东水村留存着许多历史悠久的古建筑，这些古建筑记录了那些不为人知的历史，每一片砖瓦都是我们寻找旧时记忆的时空之门。

东水村目前人口1000多人，多为汉族，语言是九都话。

二、历史沿革

根据何氏族谱记载，此村自古是何姓定居，村落已有1300多年历史。东水何氏的鼻祖何英（688—749），字秀卿。性聪敏，多兵法，深得临淄王李隆基器重。仕唐有功累授潮、惠、广州刺史。开元十八年庚午（730）封镇南将军，赠护国公，镇守广州。

何英娶刘氏生了四个儿子，第四个儿子何冕从山东调守到今天的贺州任贺州太守，离任后迁至朝东铁炉湾。何冕死后就葬在本岗的牧童山，这里的地形风水称之"远看将军带帽，近观燕子归巢"。何冕娶潘氏生了两个儿子，其中有一个叫何镗，看过很多关于风水的书，他见到东水这里山清水秀，木幽田壤，进行占卜，觉得这里适合居住，便在这里安居乐业。何镗娶唐氏生了四个儿子，大儿子叫何文，仍然居住在东水；二儿子叫何行，迁居古城镇东庄；三儿子叫何忠，迁居古城镇塘坝（东泽）；四儿子叫何信，定居东山（老朝东），朝东的寓意取"永朝东水，不忘根本"之意，此为富川何氏"四东"。东水是富川何氏四东的第一东，东庄、东泽、东山（老朝东）均从东水迁出并开枝散叶。

三、村落布局

东水村为东西走向，南北朝向，呈靠山面河，藏风聚水的大格局：村落村后是一座苍翠葱茏的后龙山，村前是一条清澈蜿蜒的玉带河和宽阔平坦的万亩田园。村子依东水河而建造，河流穿村而过，一条石板路沿着溪水自东往西也穿村而过，上、下连接潇贺古道，看上去就像一条船。"文革"之前村民在现在文昌阁的地方，建造了一座宝塔，就是船只的桅杆，有了这支坚固的桅杆，东水村这条船就可以扬帆起航，发展壮大了，东水村民在此地繁衍生息了上千年。

四、经典建筑

东水村的双溪风雨桥、何氏宗祠、东水书院和古街民居等古建筑群早在20世纪80年代初就被列为广西省级重点保护文物，村级建筑被列为"省保"是富川的首例。东水的古戏台是富川最早的戏台，其建筑之精美为广西之最。

双溪桥

东水村有一座风雨桥名叫双溪桥，双溪桥双始建于清光绪十一年（1885），双溪桥横跨东水前的小溪上，为木梁桥形式，桥墩（台）使用料石砌筑，木梁上架设进深七间、穿斗式木架构、小青瓦屋面的桥廊和桥亭、重檐歇山屋顶，桥头两端建马头墙入口。

文昌阁

位于东水村部楼的旁边，有一个建造精致而恢宏的古建筑文昌阁，为清朝时期所建。是古人供奉文昌帝君的场所，也是古代文人墨客聚集的地方，充分展示了东水村是一个文化底蕴深厚的古村落。

推开大门进入文昌阁，两边的墙壁分别写了孔子的简介与论语十则，在往里走有一面照壁，照壁上面的图案也是一个大写的"儒"字，两面墙壁分别有两幅画，一幅是"孔子问礼"、一幅是"子路、曾皙、冉有、公西华侍坐"，正堂正中间也是孔子的画像。东水村不愧是个文化底蕴深厚且深受儒家文化的熏陶的古村落，难怪行在古村的街道上，无论大人小孩都显得彬彬有礼，言辞谦逊，令人如沐春风。

文昌阁前是一座七层的宝塔，建造于明朝时期，此宝塔为风水所建设。一是宝塔寓意为村子的一根桅杆，起到镇定村宅水流的作用；二是宝塔的顶尖像毛笔的笔头，寓意为宝塔是村中的一支文笔，预示着将来村子文化兴隆、文人辈出的美好愿景，起到勉励后世耕读传家、重视文化教育的作用。可惜宝塔已经毁于"文革"。

古戏台

古戏台是位于风雨桥的东北面，清朝时建造，是村中过节唱戏所用，古戏台为歇山顶，上面有着精美的雕刻艺术，还题许多名人的诗句，如李白的《朝发白帝城》、黄焕之的《凉州词·其一》、杜甫《忆昔二首》的节选、杜牧的《赤壁》、何胥的

▲ 东水双溪风雨桥（新华社 周华／摄）

《赋得待诏金马门诗》这些历代名人的诗句也体现的村子对文化的喜爱。

五、名人轶事

天禧进士何振

　　始建于唐元和二年的朝东镇东山村、东水村，其先祖何冕是山东青州临淄何英第四子，何英先后任潮州、惠州、广州刺史，开元十八年封镇南将军，赐护国公，镇守广州，何冕以父之勋出任临贺刺史，晚年定居东水村，其子孙后来分居东水、东山、东庄和古城镇塘贝村等村。宋皇佑元年（1049）己丑科，东庄村人何振中进士，何振字玉山，北宋天禧元年（1017）生，中进士后任保定府新城县知县。其生平事迹不详。

袅袅双溪润古村

吴妹果

走进东水，首先映入眼帘的就是那氤氲轻飏的双溪。说是溪，更像河。

河面宽敞，水波荡漾；河水深深，水质清澈；两岸树影，静谧安详。在岸上能清晰看见油油的水草在水底随水流摇曳，河中不时游过白鹅麻鸭，在明媚的阳光里，怡然自得。偶尔有落英轻盈地在水面飘飘荡荡，随波而去，让你情不自禁地从心底冒出"时有落花至，远随流水香"的诗句，仿佛自己置身于江南水乡的周庄。

双溪从村东的后龙山岩洞中流出，泉水流出后分成两股溪水，一条穿村而过，一条绕寨而出，最后汇合在村口处，称为"双溪河"。

双溪河在当地人心中有极高的地位，老一辈乡贤日常寒暄，总会傲娇地说我们东水，我们东水双溪河！新一代的少年学子大都写过"美丽的双溪河我的家乡"之类的小学作文。

双溪河固然是东水人的骄傲，但我想，名曰"双溪"的风雨桥，才是双溪河的重点。双溪风雨桥始建于清光绪十一年（1885），融桥、廊、亭为一体；集风水、风景、交通、避雨纳凉、休闲议事于一身。

双溪桥横跨在双溪河上，为木梁桥形式，桥墩（台）使用料石砌筑。木梁上架设进深七间，穿斗式木架构，小青瓦屋面的桥廊和桥亭，重檐歇山屋顶，桥头两端建马头墙入口。桥身庄重古朴，如长虹卧江，历百年而不损。但村民执着地认为，双溪桥的历史应该更为的久远，这座风雨桥应该在明朝时期就已经建立起来了，应该有四、五百年的历史。只是原来双溪风雨桥的那块石碑字迹已经被雨水冲刷得模糊不清，已无从考究。

风雨桥里面两侧设有厚厚的木板条凳，可供村民避雨纳凉，休闲议事。炎热的夏天，村里的老人喜欢聚集在这座桥里，谈天说地。聊聊最近的庄稼长势、牲畜饲养情况；抑或是家中子女谈婚论嫁，生儿育女的情况，这里就是一个开心的聊天室。也许老人们聚集一起谈天说笑的时候，就不会感觉到因为岁月的流逝而带来的孤独感。

在风雨桥里，甚至还可以躺在两边的条凳上美美地睡上一觉，这里四面凉风习习，流水潺潺，是再好不过的小憩场所。风雨桥里两侧的条凳上，每隔一米多两边就有两根木桩竖着，两根树桩之间有上下两块木板夹着木椅，木椅板子就被夹在中间，老人们就是把那块小木块当成枕头。有些"枕头"已经磨得光亮，古旧的木块像是被刷上了桐油。看着这些光滑的木块，我们可以想象这里留下了多少人惬意的心情和美梦。

置身风雨桥，被身前身后的双溪河轻轻拥抱，你一定会找到心灵的泊口，洗却铅华，感受岁月静好。我想，假若自己哪天累了，厌倦了，就来此小住一阵。就像东水的村民一样，斜靠在凉桥的柱子上，捧一卷发黄的书，泡一杯清茶，与三五好友打一把大字牌，下几盘象棋；或者戴上耳机，闭着眼斜躺在条凳上，听着音乐，玩玩手机，刷刷抖音；洗却铅华，感受岁月的妙曼。

沿着溪流，踏着青石板往村子里走，又是另一种风景和感受。如果说双溪河和风雨桥是东水古村引人入胜的序章，那么，民居古建筑才是东山古村曲径通幽、跌宕起伏的正文。

一条青石板街道沿着溪流纵贯全村，鳞次栉比的古民居与青山绿水交相辉映，处处是景，步步入画。蓝天青山碧水，青砖灰墙黛瓦，小桥流水人家。东水古民居，古色古香，素雅别致，有一番独特的韵味。就连迎面走来一位撑伞的姑娘。也让我仿佛穿越到了戴望舒的雨巷。

东水古民居建筑各自独立成院，又相互映衬勾连，巷巷相通、纵横相连。清一色的青砖灰瓦，一体的结构布局，一致的飞檐翘角，一样的徽派马头墙，气势恢宏，特色鲜明。连绵15000平方米，面积之大、历史之渊远，令人感叹惊奇。难怪东水古建筑群早在20世纪80年代初就被列为广西重点文物保护单位，而且是富川唯一一个享此殊荣的古村落。

踏着斑驳的青石板路，穿过幽深的小巷，推开厚重的木门，走进幽静的民居宅院，古村那生生不息的气场氤氲着流年。眼前的一座古民居仿佛在讲述着一个个久远的、曾经辉煌的故事。房前屋后那沉睡已久的石墙、石板、石础、石磨、石臼、石缸和矗立已久的拴马石，一定是古道乡愁留下的那份悠然和宁静，我分明听到淙淙古迹旧痕流淌着的是文化血脉的汩汩之声……

走进东水村，揭开她的面纱，临摹一幅历久弥香的水墨国画，有山，有水，有酒，有茶，还有故事。

那个也叫红岩的地方

——第四批中国传统村落红岩村

古门楼（钟荣胜／摄）

富川古村

古村推介词 gucun tuijieci

红岩村推介词

"源深流远传一派，政事文学列四科。"

一条古马道，一座至圣祠，一方家塾，一众儒生……带你走进那个也叫红岩的地方，一样的名字，不一样的红岩。

红岩村，第一批自治区传统村落；第四批中国传统村落。

▼ 红岩古村古井（龙琦东／摄）

▲ 红岩古民居特色（钟荣胜／摄）

一、地理位置

红岩村位于富川瑶族自治县东北部，与湖南江华瑶族自治县白芒营交界，距离富川县城21公里，距白芒营镇政府11公里，与洛湛铁路洪塘站也只有2公里路程。作为湘桂交界前沿地带，红岩村自古交通便利，潇贺古道横贯其中，富白公路穿村而过，是桂湘边界的重要通道，素有"富川东大门"之称。

二、历史沿革

红岩村距今约有600年历史，曾用名"龙岩""牛岩"和"牛岩坊"。据红岩村孔氏家谱记载：红岩始祖孔氏58代孙孔公玄（字荣玖、号玄贞）于明景泰五年（1454）因避乱世携家眷流寓冯乘，到今福利镇浮田井洞尾花塘山脚，即今孔家垌。后于明成化十六年（1480）迁居至现址，将前地段开垦成田八十八亩，报官入册，立民籍，竖孔贤书户，遂为"龙岩"，后入官籍，称"牛岩""牛岩坊"。随着岁月的变迁，牛岩坊数度更名，新中国成立前称龙岩村，1967年更名红岩大队，1984年改为红岩村。2016年，红岩村列入"中国传统村落"名录。目前，该村人口约2000人，共300余户。

三、村落布局

红岩村背靠凤山，面对凰山，左前方为笔架山，右前方为钟山，是一块难得风水宝地和宜居之所，故始迁祖孔公玄择此地定居。

红岩古寨围墙屋独具特色。古寨的外围选择险要处用石头砌成寨墙，寨墙上建有寨门、寨堡、射孔等，形成完备的防御体系，寨内的生活设施十分完善。古寨大体呈四方形，城门由经人工加工的平整石头墙砌成，城内人行道是用自然石板铺成。

红岩村较为著名的建筑是"围墙屋"，这些房子的底部都用重达数百斤一块的巨石砌成，有六至七层，约一人之高，因整个古村被巨石环绕，形成一个天然的围墙，故称"围墙屋"。现在，有些围墙遭到自然或人为不同程度的损毁，但大多依然雄风犹存。据记载，从中原迁徙到红岩的孔姓先民，为躲避战乱和匪患，自明代开始建筑山寨，至清代咸丰年间便逐渐形成了一定规模的石城古寨。如今红岩仍有一些人留在"围墙屋"里生活，有的则在巨石围墙上建起了新式的农家别墅。

四、经典建筑

孔氏宗祠（至圣祠）

孔氏宗祠建于民国初期，是供奉古圣先贤孔子的地方。据村中老人介绍，宗祠的大门曾经金碧辉煌，装饰繁复，雕刻精美，后来在"文革"中被毁。红岩村人几乎姓孔，是孔子后裔，祠堂右侧墙壁上记载着整个红岩村孔氏后人的家谱。每当逢年过节的时候，村民都会来祠堂里敬香，以表达对先祖孔子的崇敬之情。

五、历史文化

（一）民俗活动

红岩村主要民俗为大型祭孔活动。每年农历八月二十七日（孔子诞辰纪念日），村里都举行形式多样的文化体育活动。

（二）名人轶事

孔雅卿

孔雅卿（1867—1944），名彬（即孔繁彬），号亚青，广西富川红岩村人。据富川县志记载，孔雅卿十八岁开始执教，数十年如一日，直到辞世，长达六十年。他主要受聘于外地，从教于湘桂两省之江华、永明（今江永县）、富川三县，桃李累累。作为湘桂一带颇具名望学者和大儒，其学生中也不乏佼佼者，清光绪十一年广西科第二名优贡胡墨庄、贺州抗日名将胡天乐（国民政府陆军中将）、新中国最高人民法院第五任院长江华皆为其高足。

五四运动后，他乐意接受新文化，教学做到言行一致。抗日战争时期，他宣传抗日救国道理，积极支持青年学生参加抗日救国行动。1939年，他在富川国中任教时写道："心存振夏将夷拒，一事无成奈老何。教中漫操民文锋，平倭难举鲁阳戈。子房午夜筹良策，宗泽之声唤渡河。我愿青春作后盾，功成齐奏凯旋歌。"爱国之心，溢于言表。

他把教育事业当作终身职业，一生清白，不与官绅同流。"我本前清一秀才，诸生何必费猜疑。天生风骨峥嵘月，曾与梅花结伴来"，这是其真实写照。1925年，他毅然拒绝县内绅士们公推县长的请求，乐过清贫的教学生活。如今，他所创办的"源政家塾"依然保存完好，门上一副对联依稀可见："源深流远传一派，政

▲ 上图：飞天（龙琦东／摄）
下图，从左至右：红岩私塾、红岩石板街（林树坤／摄）

事文学列四科。"

孔繁茂

孔繁茂，广西富川红岩村人，黄埔陆军军官学校第十六期学员。在1941年皖南事变中，孔繁茂担任排长，其所在部队参与了搜捕叶挺将军的行动。两军相遇后，叶挺对孔繁茂说道："我是来谈判的，不为难你，快带我去见你们的长官。"孔繁茂因受其外甥林家猷影响，对共产党颇为同情，且十分敬重和佩服叶挺将军的为人，于是立即带兵护送叶挺及随从到营部，对其他新四军指战员，则伪装成国民党士兵助其离开。皖南事变后，孔繁茂因功被提拔为连长，因其对皖南事变深感痛惜，后辞去连长职务回到富川任县自卫队大队长，参加了富川的抗日活动。

不一样的红岩

钟荣胜

第一次听到"红岩村",你会不由自主地想到长篇小说《红岩》,接着会想到江姐,然后就想到《红梅赞》这首歌:"红岩上红梅开,千里冰霜脚下踩,三九严寒何所惧,一片丹心向阳开……"

红梅花开,丹心向阳,正气永存,这是"红岩"给人直观的印象。然而,当你真正走进富川这个"中国传统村落"时,你会发现一个不一样的"红岩"。

"文"红岩

红岩村地处湘桂交界处,是孔子后裔聚集之所,也是潇贺古道东线途经之地。秦时明月,汉朝辞赋,儒家风范,似乎都在红岩这块土地上留下了鲜明的印记。潇贺古道连接的不只是潇水和贺江,也连接着中原和岭南,红岩则成了一根维系南北的纽带,系着文明与发展,牵着过去与未来。

潇贺古道在富川境内自西向东主要有三条,即西岭山古道(九都古道)、麦岭古道(八都古道)和冯乘古道(七都古道)。其中,冯乘古道由湖南江华白芒营镇进入广西富川福利镇红岩村,经伍仁塘、罗峰、山田、秀山到古城。作为潇贺古道东线由湘入桂的第一村,红岩有着悠久的历史以及保存相对完整的古民居、青石古巷、思源古井、飞檐古墙以及源政家塾等,都见证着红岩村文化的传承。

作为孔子的后人,红岩村涌现了孔昭珧、孔宪典等一些"文魁"。活跃在湘桂一带的红岩村大儒孔繁彬,更是有胡天乐、江华等高徒为其争光添彩,其所创办的源政家塾至今闪耀着儒家思想的光辉,激励着一代又一代的红岩学子不断攀登文化与文明的高峰。在源政家塾的墙壁上,有一块石碑令人瞩目,是为嘉庆四年所立,其首句"粤稽我始祖由山东迁于富水",既记载了红岩先祖迁移的路线,也明示了红岩家族孔氏的身份。在源政家塾正面门柱上,一副"源泉自洙泗来一派渊源流富水,政事从文学始四科德政绍尼山"的对联,不仅道出了孔氏家族的渊源,也体现了红岩村人对儒家思想的崇敬。

▲ 从左至右：至圣祠、红岩古民居（均为钟荣胜／摄）

红岩村的孔氏宗祠（至圣祠），供奉着万世师表孔子的神像，右侧张贴着孔氏族谱、孔氏名人及孔子故事。据说，孔子世家全国统一修谱，凡年龄在七十岁以上的人都能在族谱中找到自己的名字。在我国所有的宗祠中，像红岩村这样极具文化气息的宗祠也是为数不多的。

一条古道，一众儒生，一座宗祠……诠释着红岩文化的精髓。

"武"红岩

如果说，文魁是红岩的招牌，那么武举就是红岩的特色。在红岩村的青石古道上，有一对"练功石"十分引人注目，村里老人说，这是村里武举人练功所用之物。"练功石"呈长方形，每块约有两百斤，中部偏上各有一个手抠，是为抓举之用。据记载，红岩村有孔宪云、孔庆咸，孔庆大等武魁，其中孔宪云、孔庆咸为父子双魁。

"革命"红岩

红岩，村如其名，是"革命"代名词。这里有毕业于黄埔军校的孔繁茂，有参加过东北抗联的孔繁悦，有创办女子学堂传播革命火种的杨月波……

据《中国共产党富川历史》记载，由于红岩村群众有着深厚的爱国情怀，湖南籍女共青团员杨月波于1929年转移到红岩村教书，宣传民主科学思想，传播自由平等观念，开展反封建斗争，唤起民众的觉醒，撒播革命的种子。

1947年，解放战争由战略防御转入战略反攻，毛文彦等领导和发动了富川古城武装起义，动摇了国民党在桂东的统治。起义失败后，富川中共地下党人肖林、何庆文等转移到湖南等地，其余未暴露的地下党人转入更隐蔽的斗争中。期间，中共地下党人何庆文以教师身份隐藏在湖南江华一带，经常往返于湘桂之间传递消息，红岩村也成了地下党人活动的中心。

逝者如斯夫！时光如水，岁月如流。在滔滔历史长河中，红岩村的名称不断更迭变换，但红岩人的初心和使命却一直未曾更改，其文化传承和红色基因至今影响着后人，这或许就是新时期我们所需要的"红岩精神"。

蝴蝶歌的故乡
——第二批中国传统村落大莲塘村

▶ 蝴蝶歌会（林振玉／摄）

古村推介词 gucun tuijieci

大莲塘村推介词

蝴蝶恋花花盛开，蝶舞莲塘成歌海；

叠叠青山对笑脸，流水欢歌迎客来。

一曲天籁之音把您带进蝴蝶歌的故乡。

大莲塘，富川最大的村落，第二批中国传统村落，国家级非物质文化遗产瑶族蝴蝶歌传承基地。

▼ 蝴蝶歌堂

▲ 大莲塘远眺（唐懿芬／摄）

一、地理位置

大莲塘村，位于富川瑶族自治县莲山镇的南部，东与洋狮村委交接，南与罗山村委接界，西与吉山村委相依，北与洞口村委接壤，从镇政府到村委所在地有1.5公里。

二、历史沿革

据历史记载和先辈流传，明朝成化年间，陈讳世荣公后裔富八公，先从江州义门、九江一带逃荒到广东、广西梧州、湖南等地，历经多次迁徙。从湖南省迁来富川途经莲塘洞时，当时看见莲塘洞大部分都是一片汪洋，在远处只见莲塘峒一处小池塘盛开有一朵野莲花绽放，耀眼夺目。于是经叔侄商定迁到莲塘峒安居，即如今的大莲塘。

目前全村总人口近4000人，总面积6.2平方公里，耕地面积4113亩，其中水田1825亩，旱地1130亩，林地面积2947.5亩。全村分为16个生产小组，由陈、钟、莫、黎、潘、李、于、刘、严、袁、徐、杨12姓人家聚居而成。

三、村落布局

大莲塘，顾名思义，村落所处莲花地。有山、有水、有龙、脉，四面开阔，土地肥沃。村里流传的山歌有云："几百年前立寨起，观音点红莲花地，观音点红莲花根，叠叠莲花叠叠发，一寨叔侄同发达，叠叠人才万年春"；"北边来龙钩挂岭，南边朝向凤凰心，东边有个观音岭，西边有个樟树根。"是对大莲塘村莲花地的真实描述。

村中保存较完整的古民居共有63座，尚有60%的民居有人居住。大门楼4座。主街道南北走向，沿主街向后龙山辐射成条块状布局，整齐有序。

四、经典建筑

总管庙

总管庙又称刘娘庙。总管庙供奉的主神是刘仙娘，刘仙娘信仰流传于富川"梧州人"居住区，刘仙娘被当地民众称为保护神，祭祀活动频繁，民众信奉度极高。每年的秋收后白露期间，都会组织"刘娘出游"的庙会活动，以祭拜刘娘、庆祝丰收。

富川现存有大小仙娘庙54座，大莲塘总管庙位于雷公山水库前，据村中老人说，古庙始建于明朝年间，建筑风格多遵从于当时民间神仙庙宇的建设规制。庙宇建成后连续三年风调雨顺，屡保村民平安，五谷丰登，六畜兴旺，遂更得村民信奉。

五、历史文化

蝴蝶歌

富川是蝴蝶歌的原乡，大莲塘是国家非遗蝴蝶歌传承基地。

蝴蝶歌是中国瑶族的标志性民歌。蝴蝶歌因在歌的衬字词中常出现"蝴的蝶"衬词而得名。蝴蝶歌的演唱习俗，有着浓厚的百越歌圩遗风。凡节日会期、婚嫁喜庆、礼仪交往等群聚活动，男女老少都喜爱唱"蝴蝶歌"。特别是男女青年恋爱择偶，唱"蝴蝶歌"是主要手段之一。每逢赶会期即是梧州人的盛大歌圩。会期的晚上，四面八方的瑶族男女青年聚到赶会期的村子，成群成对，互对"蝴蝶歌"，用歌传情，互赠信物，几经往来，就可定情。

蝴蝶歌流传久远，技艺精良，声部结构严谨，曲调欢快优美，在中国民歌中独树一帜。体现了中国民族民间多声部音乐发展到了相当的水平，与侗、壮、布依等兄弟民族的多声部民歌一道，共同确定了中国民族民间多声部音乐在世界乐坛的地位，具有重大的学术价值。2008年被列入第二批国家级非物质文化遗产名录，成为了国家级艺术瑰宝。

▲ 对歌（林振玉／摄）

古村品读 gucun pindu

蝶舞荷上成歌海

唐懿芬

蜡烛结芯灯结彩，荷花斗艳满塘开。

叠叠青山对笑脸，流水欢歌迎客来。

古树下，荷塘边，大莲塘村的歌手们高唱着蝴蝶歌，欢迎从四面八方汇集而来的客人们。

一阵又一阵的歌声从古树下传来，冲过古树繁茂的枝叶，直冲云霄；也吸引着各村的蝴蝶歌爱好者们纷至沓来，迫不及待地加入赛歌的行列中。赛歌双方的队伍更为壮大，歌声如海涛般一浪接一浪地冲击着海岸，冲击着观众的耳膜，拉开了歌会的帷幕。

那是盛夏的一天，瑶族蝴蝶歌传承基地——大莲塘村的荷塘边正在举行一场盛大的蝴蝶歌会。

我们应邀而来，却被眼前的景象惊呆：近百名歌手自觉分成了两队，分别站在古树的两边。浓密的枝叶把歌手们拢在树荫下，在烈日下，给了他们最好的庇护。歌手们得以全神贯注于歌赛，无畏酷暑，大展歌艺。

这不是普通的大合唱，队伍前没有指挥，也没有事先的排练。双方队伍中有不少歌手慕名而来，匆匆加入赛歌队伍。队伍像滚雪球似的逐渐壮大，从原先的几十人增加到一百多人。一百多人、每两人一组声部，却能在没有指挥的情况下，声音同起同落，唱词分毫不差，令人叹为观止。即便是我这个土生土长的"瑶佬"，也不得不佩服瑶族先祖的智慧。

蝴蝶歌发源于富川的平地瑶，以富川平地瑶所用方言"梧州土话"演唱，得名于歌词中"蝴的蝶""黄的蜂"之类衬词。

蝴蝶歌的演唱习俗，有着浓厚的百越歌圩遗风。凡节日会期、婚嫁喜庆、礼仪交往等群聚活动，男女老少都喜爱唱"蝴蝶歌"。特别是男女青年恋爱择偶，唱"蝴蝶歌"是主要手段之一。每逢赶会期即是梧州人的盛大歌圩。会期的晚上，四面八方的瑶族男女青年聚到赶会期的村子，成群成对，互对"蝴蝶歌"，用歌传情，互赠信物，几经往来，就可定情。

改革开放以后，广大瑶乡的传统生活方式、娱乐方式发生巨大变化，富川县文化部门敏锐地觉察到这些变化对《蝴蝶歌》传承的影响。他们采取积极的措施强化保护与传承：2008年《蝴蝶歌》成为国家级非物质文化遗产；在莲山镇大莲塘村建设传承基地，发掘更多的民间传承人，在当地学校推广学唱《蝴蝶歌》；2013年，《蝴蝶歌·瑶人哪里来》来到世界音乐顶级殿堂——奥地利维也纳金色大厅演出，赢得国际赞誉；2016年，当地政府组织白沙镇黑山村63位村民登上中央电视台《中国民歌大会》；2019年，《蝴蝶歌》进入中国原生音乐民歌节……《蝴蝶歌》走向了更广阔的天地。

瑶族人能歌善舞，唯独遗憾的是没有自己的文字。然而许多生于四五十年代（或以上）的歌手，大字不识一个，却能在一瞬之间现编现唱，作词成歌，不得不令人称奇。

无论是挑歌方或是应和方，即兴所作之词往往令人拍案叫绝。

后生仔（后生仔：富川瑶族人对未婚男子的统称。）挑歌：

这对娇娥十分好，额角美发条对条。

手指挑得豆腐起，玉足踏步莲花飘。

客姑妹（客姑妹：富川瑶族人对未婚女子的统称。）应歌：

你们品貌也不差，肤如小麦在山丫。

肩上挑得万山岭，嘴夸小妹心开花。

歌声中相互仰慕之情溢于言表，为一段浪漫恋情奏响序曲。

歌会仍在继续，歌手们从迎客歌起，唱到敬茶歌、赞客歌、叙事歌、传情歌。还有应观众要求唱的记史歌、哭嫁歌；更有感党恩系列的颂恩歌、乡村振兴歌、战疫歌等等。

这只是歌会的第一天，不但吸引了本县歌手前来对歌，也有邻县的蝴蝶歌手慕名而来。无需请柬、无需相邀，只要口耳相传、朋友圈相告，就是瑶族歌友们最热情的邀请。

歌手们一拨又一拨，纷至沓来。主办方大莲塘村歌会理事会有条不紊地安排流程。五个来回一批，然后换另一批歌手对歌。既满足了各路歌手们展示歌艺的机会，又提供了相互交流的平台。

歌手们一个个摩拳擦掌、兴致盎然，你方唱罢我登场。荷塘四周已成为歌的海洋。歌声汇集成的浪涛，引来清风阵阵，拂过蝴蝶飞舞的莲叶，又激起层层绿浪，延绵不绝，与歌声相吟唱。

是歌声引来了蝴蝶？还是蝴蝶引来了歌声？有人说，也许它们是受到了歌声的邀约，翩翩而来。

蝴蝶恋花花盛开，蝶舞荷上成歌海。

明月松间照　清泉石枧流

——第四批中国传统村落石枧村

（李成华　摄）

古村推介词 gucun tuijieci

石枧村推介词

明月松间照，清泉石枧流；七十二槽门，门门锁乡愁。

石枧，一个傍水而建的古村落。清清的石枧河潺潺地流过村庄，流向远方。整个村庄因了这条河流的滋润，宛如一个温婉的江南女子一般，坐在河边淡看这如江南一般秀丽的水色风光。

▼ 石枧村风貌（周海林／绘）

▲ 古道佳丽（汪永忠/ 摄）

一、地理位置

石枧村是桂湘边界上的一个古老村落。位于石家乡政府的东北面的3公里处，离县城22公里。有环县县道从村旁经过，村前有乡道直通湖南江华白芒营。是潇贺古道东线上的一个古村落。

二、历史沿革

石枧村民，全是林氏后裔，始祖林通系北宋进士，宋代元丰四年（1081）在富川莲山镇读书岩塘内有摩崖石刻"潜德岩"。石枧村林氏先祖茂公自幼勤奋好学，明代宣德年间进士，曾在广州府学做教授。于明代永乐年间迁到石枧村定居，至今已有600年的历史。是第二批自治区传统村落，第四批中国传统村落。

三、村落布局

该村因有天然龙型石枧水槽而得名。石枧河源于村庄左侧一岩石处，河水从石缝中汩汩冒出在岩石周围形成一汪清泉，人们管这清泉叫大井，也叫虎泉。其实是岩石下面的地下河孕育了奔流不息的石枧河。

村落傍水而建，清清的石枧河潺潺地流过村庄。沿河两岸，泊着许多临河而居的古老人家。一条青石板路蜿蜒纵贯全村，街道两边的民居皆为青砖黛瓦马头墙，徽派民居建筑文化风格突显。

四、经典建筑

七十二樘门第

七十二樘门是石枧村的经典建筑。该古宅的先人乃进士及第出身，其于京城做官，到告老还乡后，即按京城或中原进士府的形式开建此宅。宅内厅堂明列，厢房排达，次第有序，尊荣有别，且诗文并茂，文辞绚美。

该大院为围屋式古代建筑，始建于明朝万历年间，其徽派建筑风格的围屋大院和极其富丽堂皇的构造，彰显着当年的风光与排场。该宅院占地25亩，居中主屋为两进双层围屋格局，辅以两排厢房，四围墙根皆以大石条奠基，青砖碧瓦马头墙，玉题飞檐出穹苍，实为大气非凡。其中天井中庭全部采用青石条建成，规格之大在乡村民间实属罕见。此外，院内有后花园，院前有莲花池，院内大小门窗共有七十二樘，故而得名。

清代炮楼

该炮楼建于清朝的宣统三年（1911）。屋基全部引用大青砖通砌而成，正大门镶嵌巨形石块。楼体通高达11.9米，占地面积14.4平方米，楼体构造为五层，每个楼层设置枪眼4～6孔，一般枪眼高62厘米、内宽12厘米，外宽5厘米，厚40厘米，可向四周瞭望，可居高临下射击，使外侵匪寇插翅难逃。炮楼下四周的石砌屋基民房，可作外围保护层，确有固若金汤之感。

▲ 石枧古村（龙琦东／摄）

古村品读 gucun pindu

沿着河流慢慢行走

何宪生

子曰，仁者乐山，智者乐水。受了这话的蛊惑，多少年来，我一直喜欢悠游山水，愿以山水为友；也喜欢高山流水，愿做山水的知音。心诚则灵，在一个秋日的阳光午后，我有幸邂逅了瑶乡的一个柔情似水的美丽古村落——石枧。

石枧，一个傍水而建的古村落。清清的石枧河潺潺地流过村庄，整个村庄因了这条河流的滋润，宛如一个温婉的江南女子一般，坐在河边淡看这如江南一般秀丽的水色风光。

沿河两岸，泊着许多临河而居的古老人家，几座朴拙的小石桥纽带似的把它们连缀起来。沉寂的青砖瓦房，沿着河岸的左右两侧错落有致地铺展开来，引导着我们一步步走入了一段失落在旧日时光中的久远历史陈迹。

村庄里满是有着和村庄一样古老年轮的树木，它们无言地伴随着村庄一步步从远古走来。有的树身上爬满了藤蔓和青苔，虬扎曲屈，苍劲古拙。高大的筆筆树和其他树木浓墨重彩地涂鸦在河堤两岸的房舍前后，连同古树上那些飘摇在空中的古藤青蔓，将阳光紫外一同阻隔在树蔓的浓荫之上，村庄里便飒飒地荡起了一股又一股蓬勃的清风。一些老人坐在屋前或树下乘凉、休息，消磨着他们辛勤劳作了大半辈子之后的人生暮年的时光。

沿着石枧河慢慢行走，似行云，似流水，心无旁骛，沉静柔和。河里的水草卷起又舒扬，细碎的涟漪消沉又泛起，天真稚子在岸边玩耍嬉戏，家鹅土鸭在水面浮沉觅食，柔情的女人们在岸边的江踏埠下捣衣洗菜、家长里短。走走这样的村庄，看看这样的景色，无需刻意，自然静下心来、放缓脚步，让终日俗务缠身的心情在清澈的河溪水流间逍遥浪迹。

顺着河流，村庄有一条古老的巷道穿村而过。巷道是一条古道，我们沿着古道缓慢前行。沿街巷两旁的房舍排立着一些古旧的商铺橱窗，我们原先只以为这里是一个保存得较完整的明清古村落而已，想不到这里曾是楚越往来的通衢，是潇贺古道上一个曾经商业繁茂的商埠。时光流转，阡陌变迁，这里早已远去了过往商人脚步的匆匆，像一个垂暮之人，在沉寂中渐渐老去。沿河岸修筑的古道，像河流一般蜿蜒曲折，一股灵动的韵味充盈期间，在巷陌中散发、穿行、沉浮。

这些古建筑，全都是岭南特有的天井屋和三间堂。在石枧，最著名的要数七十二橙门古建筑群。这些古建筑融合了南派徽派建筑风格，墙体以青砖为主，砖缝勾勒出一条条整齐流畅的线条。房屋的上端，一律都是高大的马头墙，那高高的卷檐，我们本地叫扳爪，似一只只展翅欲飞的雄鹰，又似一匹匹高昂头颅的骏马奋蹄疾奔，高大雄伟、气势昂扬。房顶上，中间高耸的山脊向两边长长地斜伸出去，形成一个大大的人字，千百片青褐色的瓦片龙鳞般覆盖其上，一座房屋一座房屋地连在一起，清灰冷重的色调，衬托着森严的屋宇，厚重而肃穆。

居住水乡，桥是不可或缺的。石枧的石桥有两种形式，石梁桥和石拱桥。在村北的一棵大树旁边，有一座古老的石板桥搭建在河面上，横跨东西两岸。这是我们在石枧看到的最大的一座石桥，石桥中间有一个桥墩，竖在河流中间，两边各有两块两米多长的石条架在河堤和桥墩上，敦实而厚重。石条和桥墩泛着陈旧的青灰色，石墩上爬满墨绿的青苔。石桥也曾经年轻过，也有过他青葱的青春岁月，时光是高明的化妆师，只几百年时间，就将石桥装扮得古老而朴拙。

这座石桥边的大树，是一棵繁茂的菩提树。树下建有几个石墩石凳，供游人憩息。走了半天，也累了，坐在树下稍息片刻，吹着飒爽的凉风，不知是石枧哪位智慧的先人种下的善果。传说佛祖是在菩提树下顿悟成佛修成的正果，菩提树是觉悟、智

▼ 石枧河组景（林玉茹／供图）

▲ 石枧写生（周海林／绘）

慧的化身。她时时提醒着石枧村民要注意修身养性，摒除各种贪欲杂念，做一个光明磊落的人。石枧先祖茂公是广州府学教授，深谙儒家学说道义，儒家提倡的仁义礼智信与佛家的教义是有相通之处的。由是以观，石枧村民良好的村风村貌，深厚的人文底蕴，实是得益于先辈的苦心孤诣和教化传承。令我肃然起敬。

此时，我们也有了细细打量石枧河这条河流的时间。河流是从北往南流淌而来的，水流并不大，逆着河流出村后经过一段斜斜的石板后开始进入一片茂密的原始丛林，这里也是石枧村名的由来，因这段石板形似木枧，故名石枧。这片森林有一百多亩，这里是石枧村的风水林，也是水源林，逆着河流往上走，我们在那片森林的中间，找到了石枧河的源头。河水是从一堆岩石的石缝中汩汩冒出的，在岩石周围形成一汪清泉，人们管这清泉叫大井，也叫虎泉。泉水清澈而甘甜，是从岩石下面的地下河冒出来的，是岩石下面的地下河，孕育了这条奔流不息的石枧河，这条富江流域最大的支流石枧河。

几百年来，石枧村人就是靠了这条源自地下河的石枧河生息生存，灌溉田地，洗衣做饭，饮食男女。河流穿村而过，流经村庄时，睿智的石枧先人还分流出了几条小的支流水渠，那灵动的清流，像毛细血管一般，布满了整个村庄。问渠那得清如许，为有源头活水来。整个村庄也因此而气色丰润、灵动秀气，充满了勃勃的生机。

夕阳西下，来到村北的街头，我们与村民有了闲聊的间隙。燠热消退，秋凉渐长，辽阔的秋风，越过石枧河上源的这片偌大的古树林，我们便有了爽爽的凉意。坐在村北的一户人家门前，听村民们追忆着林氏祖上逝去的前尘往事。这些石枧村民，全是林氏后裔，他们的先祖茂公于六百年前，从福建莆田出发，历经千山万水，南迁到达广州安身立命。在广州府学做教授，年老致仕后，没有再选择回到莆田，而是沿着潇贺古道水路的珠江、西江、贺江、富江北上，辗转迁徙，来到富川，来到石枧。从此在石枧安身立命，把石枧建成了他们最为美好的乡土和家园。

晚风轻拂，炊烟袅袅，天色已晚，我们和村民们依依道别。暮色中，古香古色的石枧古村落掩映在青山绿水间，清清的石枧河潺潺地流向远方。当时明月在，曾照彩云归。那里可还有当年来时的明月和故乡。

103

明城脚下的那片古民居

——第五批中国传统村落茶家村

（李成华／摄）

茶家村推介词

明城外，国道旁，是谁如此张扬地把一组如此经典的古民居撒落在田野上？飞檐翘角，马头昂扬，是谁把一堆毫不相干的砖木砂石组合成如此精美的建筑？

但见田园漠漠，流水汤汤；青砖黛瓦，宅院高墙；檐角飞天，马头高扬；布局讲究，规模壮观；造型古朴、风格别致；结构严谨，工艺精湛。沧桑百年，依然在倔强地彰显着昔日的荣耀和辉煌。

▼ 茶家古村风貌（周海林／绘）

▲ 茶家一角

一、地理位置

富阳镇茶家村紧邻富川县城，距县城东环路约200米处。南向有富川至八步公路，北侧有富麦公路；其东为朝阳村，村前良田宽阔，四季可耕。

二、历史沿革

该处传统民居为民国时期所建，为毛氏先人所开创。民居风格典型，保存完整，对研究富川民居变迁，演化，提供了实物资料，具有较高的历史艺术价值。被列为第二批自治区传统村落；第五批中国传统村落。

三、村落布局

村落坐东朝西。东面头冲岭，西凤凰山，属丘陵地貌，亚热带季风气候，东部有萌渚岭，西侧有都庞岭余脉南北横卧，北高南低，西距富江河2公里，土壤肥沃，植被茂盛。

茶家传统民居，一共5组形成相邻的建筑群，每一组民居由3座房子组成。主房置于中间位置，两边为厢房，均为二层楼房。主房厢房形成凹字形布局。主房为砖木结构，硬山顶盖青瓦，翘角为龙头形，厢房外墙高于瓦背砌双肩马头墙。屋脊为老布瓦叠脊，部分垂脊饰蝙蝠，瓦作滴水制作精美，檐角高翘，隔屏雕花，花窗，有着浓浓的传统文化氛围。房屋建造精美，造型美观大气；宽庭阔院，气派非凡。通道镶砌青石板，房屋具典型民国民居特色。

茶家传统民居除1户有人居住，1户用作村委办公外，其余空置，或用作养鸡宅用。不合理利用，年久失修，得不到妥善保护。

瑶族民居述略

何建强

十九世纪的美学家、艺术家们都曾不约而同地把建筑叫作"凝固的音乐"。如果把我国源远流长的建筑景观视为气势磅礴的大歌的话，那么瑶家民居便是植根于南岭山脉中的山歌小调，她低吟浅唱，以淡淡的旋律融入大自然的怀抱，融入中华民族建筑艺术的交响。

"民居"一词最早出现于周代，以区别于官式建筑。民居即百姓居住之所。出自《礼记·王制》："凡居民，量地以制邑，度地以居民。地邑民居，必参相得也。"《管子·小匡》："民居定矣，事已成矣。"《东周列国志》第十一回："今东郊被宋兵残破，民居未复。"

瑶族以其历史悠久、迁徙频繁和文化独特而为世人所瞩目。瑶族的民居也和世界上众多民族的民居一样，经历了人类从穴居到巢居，从巢居到干栏，从干栏到庭院的形式。

一、从穴居到巢居

天然洞穴是人类最古老、最原始的民居形式。后来为了生活的方便，人类的祖先逐渐从山上搬往平原、水边，那里很难找到天然洞穴。于是他们就凭过去的生活经验，建筑仿洞穴式的居住环境，即窑洞。最早的窑洞建于六千年以前的周代。

随着气候的变化，冰河消融让大部分地区的土壤肥沃显露，大批畜群追逐水草远去，人类也不得不离开洞穴这一天然"子宫"，开始了新的、漫长的发展历程。

早期瑶族先民离开洞穴之后，首先出现的是巢居。在当时森林蔽野、猛兽横行的自然环境中，先民们受到鸟类在树杈上构筑巢窝的启示，于是仿照鸟类筑巢的方式，用树杈、阔叶及草类在树上构搭窝棚以居住，这样，既可防止毒蛇猛兽的伤害，又可避免潮湿瘴气的侵蚀，保护人们的生命安全和健康。这种"巢居"的现象，后人认为是最初的人工营造住屋。

二、从巢居到干栏居

随着社会生产力的进一步发展，人们征服自然、改造自然的能力也进一步增强，"依树积木"的方式逐渐不能满足人们生产生活的需要，他们需要从树上走到地面。于是，先民们又在前期"依树积木"的启发下，经过长期探索，砍伐较大的树木，在地面上立柱架木，编竹扎茅，营造成底部架空、人居上层的住屋。这种普遍的居住形式，被命名为"干栏"，俗称为吊脚楼。

吊脚楼是中国南方山地民族特有的古老建筑形式，是干栏式建筑在山地条件下富有特色的创造，属于歇山式穿斗挑梁木架干栏式楼房。

瑶族吊脚楼的形成有历史的原因，也有自然的原因。

从历史来看，瑶族的建筑文化可以追溯到上古时期。肇始于环太湖地区瑶族祖先蚩尤所在的九黎部落集团，他们参与了环太湖地区河姆渡文化和良渚文化的创造。河姆渡文化和良渚文化的考古发现证实了瑶、苗等民族先民的民居就是干栏式建筑。

从自然条件上看，瑶族大多居住在高寒山区，山高坡陡，平整、开挖地基极不容易，加上天气阴雨多变，潮湿多雾，砖屋底层地气很重，不宜作息起居。吊脚楼可以楼上住人，楼下架空，既通风、干燥、防潮，还能防毒蛇和野兽，被现代建筑学家认为是最佳的生态建筑形式。因而，千百年来吊脚楼成为瑶族山寨首选的民居形态。

据有关专家论证，吊脚楼，是中华民族建筑在世界上延续历史最长、适应性最强、风格特色鲜明的建筑体系。

吊脚楼的美学价值应是一种历史的纵深和渊厚，是古今的接续和延伸，它留给后人的是人类文明演变的足迹，是永恒的民族精神。

三、从干栏到庭院

随着社会的进步，民族的融合，瑶族开始学习汉族民居建筑的风格和技术，开始建造带院落的青砖小瓦砖木结构的民居。明清时期，这种庭院式的民居成为平地瑶人普遍采用的民居形态。

瑶族分布的区域较为广阔，东起广东南雄，西至云南勐腊；南达广西防城，北至湖南辰溪的山区；都是瑶族人民长期活动的地带。"大分散、小聚居，与兄弟民族大杂居"是瑶族民居最大的特点。这一特点决定了瑶族民居的多元性。

历史上，瑶族民居有"半边楼""全楼""充墙屋""三间堂"和"四合院"之

瑶（刘芳／供图）

分。"半边楼""全楼"都是吊脚楼。

半边楼。一般为五柱三间，两头附建偏厦，或一头偏厦，或一头偏厦前伸建厢房。大门多在屋头上层屋场偏厦间。此种建筑多为过山瑶所建。

全楼　相对"半边楼"而称；一般建于沿河一带或半山较平坦的一层地基上。规模及附属建筑与"半边楼"同，花瑶、盘瑶多居"全楼"。

充墙屋。一般建在地势相对较平坦的山区。人们先用木板在筑墙的地方装上模，再用当地的黄土混合竹子等材料填充压实。楼面、门窗等用杉木做成，屋顶盖上瓦片或者茅草，这种房屋的建筑材料极为简单易得，外形美观大方。

三间堂。则主要分布在富川、恭城、江华、江永的平地瑶聚居区。"三间堂"采用当地的粘土烧制成的红砖砌成，屋顶盖瓦片，屋檐两端砌有马头墙，有的在屋脊两端还建有飞檐，马头墙和飞檐的做工非常考究，工艺十分精湛，极富平地瑶地方特色。

四合院。在较平坦的地面上连接修建四幢"全楼"合成的房屋，中间有一小块方形空地庭院，故称"四合院"。

瑶族的四合院是在较为平坦的地面，连建四栋全楼合成的房屋，中间有一块方形空地，故称作"四合院"。与北京的四合院不同，北京房屋各自独立，连接在这些房屋的是转角处的游廊，而瑶族家的四合院是直接以房屋的楼墙连接的。在空地内人民一般种上大树，夏天人民在树下拿着蒲扇谈白纳凉，冬天拿着针线纳鞋晒太阳。这悠闲的生活方式正是瑶人知足，乐天，享受自然的写照。这种建筑仅见于平地瑶瑶富裕人家。

富川古代有"民人（指汉人）在中央，瑶人住两旁。富川立城好，两边水成行"的诗句。这诗句基本形容了富川的民居分布情况。按富川县志记载，瑶族分布的地区有：东边五源，即三辇源、倒水源、平石源、沙母源、龙窝源（现福利、新华、石家一带），住着平地瑶；西边有九源，即乌源、石鼓源、南源、神源、凤溪源、大围源、涝溪源、柳家源、二九源（西岭山一带），住着过山瑶；中间还有"内八塘"（月塘、油草塘、龙塘、鹧鸪塘、江塘、巩塘、黄牛塘等）住着大量平地瑶人。从地理位置来看，富川的瑶族大都分布在东北、西北面，且大部分与恭城县和湖南省的永明（江永）、江华县交界边缘居住。

瑶族传统民居是我国民族建筑中的宝贵财富，无论是布局造型，还是对材料的应用方面都值得研究，特别是从民居建筑艺术中折射出的文化习俗更启人深思。正如俄国作家果戈理说，建筑是世界的年鉴，当音乐和歌曲沉默的时候，建筑仍在歌唱。这充分肯定了建筑的文化价值，而瑶族建筑作为中华建筑文化的重要组成部分，其内涵同样是深厚的。

晋阳遗风 义族义足

——中国第四批传统村落义族村

（李成华／摄）

义族村推介词

村前麦岭河，浅浅水，长长流，来无尽，去无休；

村后白马山，苍苍翠，郁葱葱，高不耸，立无言。

义族，义足！以仁义为足，以安居乐业为足。

义族村，潇贺古道上的亭塘驿站；义族村，中国第四批传统村落，一个宁静安详、知足常乐的瑶族村寨。

▼ 义族风貌（周海林／绘）

▲ 义族村全貌

一、地理位置

义族村离葛坡镇政府所在地青山口5公里，距县城20公里。538国道沿村后穿过。是潇贺古道东线上的重要村落，自古交通便利。

二、历史沿革

富川晋阳唐氏来自平话之乡山东白马县，从秦汉至唐多次迁徙，北宋唐肃宦游定居浙江钱塘，至唐垌谪迁才重回富川，故又有"系出浙江"一说。

义族村全村唐姓，现有人口一千有余。富川所有唐姓堂号都是晋阳堂，为唐氏郡望唐初莒国公唐俭后裔。唐俭据考证为尧帝长子丹朱之后，属奚族（即今瑶族，战国楚名将唐狡后裔）。隋唐以降，晋阳唐氏多数在江浙、湖广一带迁徙或定居。宋代有御史唐垌谪宦广州、吉安、道州等地，其后裔富字辈共十兄弟，分居富川、钟山两县，一时人文蔚起，成为桂东北平地瑶大族之一。

义族自富三公携子孙来此开辟田园新居，历史上迁徙了几次，先在村前右手面的铃铛山下住，后又住村左灵鹫山百竹园，大概因避水患才最后定居现址。

三、村落布局

义族村背靠后龙山名白马山，山峦起伏，绵延数十里，莽莽苍苍；村前绕玉带曰麦岭河，蜿蜒秀美。潇贺古道沿村而过，历史久远。古村风水堪舆极佳。村前方塘如镜，藏风聚财；更有村前河湾玉带缠腰，来龙郁郁；再往前是广阔的田野，画卷平铺，迎送日月；稍远处铃铛山独立多姿，如笔毫向天，也如麒麟献瑞，所呈清秀之气与后龙山的浑厚沉着默契配合，堪称完美。

古道人家知义足

唐春林

早在2016年就得知义族村与村头岗同时被评为全国第四批传统古村落，这使我为之感到十分高兴和自豪。因为这两个村都是富川唐姓族人的古村落，同宗同源。

而更令我感到欣喜快慰的是，近年还欣闻这个同宗唐氏家族兰桂腾芳，先后有两位学子攀蟾折桂，考中北大。这在偏远的瑶乡当然是不同凡响。因而每次走近义族村，给我的感觉是格外的亲切和奇特。

这次为采写古村落，我又再次来到义族村。

古道当然是我们的考察重点。

潇贺古道中线是江永入麦岭至古城码头最便捷的一条商道（战争时军事也用此道），这段古道从永济亭陆行至古城码头，历代修缮完好，大多以鹅卵石铺垫为主，少部分为青石板，都在一米至一米五左右宽度。沿路上月塘、村头岗、义族、谷母营、深坡街、巩塘都设有塘亭驿站供人马休憩。

老人说古时盐商队伍络绎不绝，路边设有客栈、茶肆，旗帜飘扬，茶果飘香。新中国成立后还有人在白马山入口处用鼎锅煮粥和茶水卖，荞麦饼、油糍、菜团（俗称大肚糍粑）也有，这些都是方便实惠的零食。行人歇肩喝两碗油茶，吃两个厚实麦饼，再喝两口家里媳妇酿的米酒，也顶得一餐午饭了。食物简单，但能至今存留在乡民的记忆中。

义族的名称由来，据村右相公庙跨2000年修缮立碑记载说：有仁有义为足。而也有说法是经两次搬迁，最终选得风水宝地所以知足。二者都能自圆其说，但我更赞同前者，因为从他们遵从的祖训"诗礼继世、忠厚传家"来看，义族村也的确很重视教育村民保持仁义道德素质的。

古村共三个门楼，左边一个已拆毁，基址上只保留一个较大的门槛及一些较长的条石。居中的一个门楼傍着一口水塘，空气清新，采光也好，所以有不少老人坐着乘凉。

这个门楼独特之处还在于楼前摆放有古旧的石鼓，凸出的石肚刻有龙首图案，直径都在五十厘米左右，人称将军鼓。为过去武官上马之用，但又别于一般的上马石，因为它是武进士身份的象征。一位九十多岁老人（后来才知是抗美援朝战士）告诉我这石鼓立村就有了，原先左右各两只，成双成对，可惜前些年不知被谁盗走一只。

沿着石板路往村中走，一座大户人家赫然矗立眼前。门额上四字：廉让之门。从门联"鸿运当头"等字迹已泛黄褪色可知这座保存完好的老宅也多年没有住人了。村里的有坤老师告诉我说，这房子出了不少人才，最近一个就是早两年考中北大的女孩唐妍。他告诉我，房子原主人是民国一个官僚，他的后人是一所名校教授，文革结束，在收回老屋后，把它卖掉了，买主就是考上北大的瑶族女孩唐妍的父亲。

我听着故事，一边打量老屋，这是民国初年中西结合的建筑，窗上部都取拱形，屋檐仍为徽派马头墙，叠叠高起。门额上的"廉让之门"四个大字，遒劲有力，发人深省。义族人正是遵循"仁义礼智信、温良恭俭让"的祖训，诚信为本，勤谨持家，谦逊处世，仁义待人，方能如此家声振，源流远。正如唐家族谱上记载的唐寅的诗句：浅浅水，长长流，来无尽，去无休。

北大学子唐妍是村里飞出的金凤凰。

听说唐妍从小很勤奋也很勤快，读书之余常帮父母亲看店、做家务。父亲是人民教师，周末回家还领着全家在石眼山附近开荒种了十几亩脐橙。勤劳加用心，使得这清贫的一家生活蒸蒸日上，不仅送出几个大学生，还在村旁空旷处建了小洋楼。唐妍的一个叔叔唐玉山是乡村艺术家，诗词书法雕刻样样来得。他这样描绘新居：

青青的景德镇琉璃瓦

黄黄的佐敦佛碳漆墙

宽宽的304不锈钢大门

大大的澳洲砂岩浮雕窗

旖旎的石板夹着卵石路

漂亮的铁艺篱笆作栅栏

桂花、罗汉松、红豆杉，房前花草香

蜜橘、红香柚、黄花梨，屋后果树成行

谁家房子这么靓

哈哈！山瑶仔黑妹的小洋房……

呵呵，诗写得直白，也许在真正的诗人眼里可能没有什么诗意。但，这就是义族人，直爽、开朗；豁达，知足常乐。

▼ 义族古井群（龙琦东／摄）

淮南河滋润的一方圣土

——第四批中国传统村落茅樟村

（龙琦东／摄）

茅樟村推介词

　　茅樟村，淮南河滋润的一方圣土。他们聚族而居，繁衍生息，以自己勤劳的双手和智慧，书写了一个个美丽的传奇和传说。古老的香樟记忆了富川第一座农民公园的辉煌，不息的淮南河流淌着刘仙娘的故事。

　　茅樟，第四批中国传统村落第二批自治区传统村落。

▼ 茅樟风貌（周海林／绘）

古村文档 gucun wendang

▲ 淮南庙远景（陈雪梅／摄）

一、地理位置

柳家乡茅樟村位于富川县城的东南面，离县城大约17公里，距离柳家乡政府约1.5公里。有538国道从村旁经过，距离S81道贺高速出口2公里，交通便利。茅樟村现有居民169户，700多人。

二、历史沿革

茅樟村始建于清末年间（1840—1912），茅樟村先祖罗氏家族原住于新寨北面的白云冲。白云冲乃狮子福地，据村中老人罗绍珍所述，当年每逢对面老古城的下城头打鼓唱大戏，大鼓一响，白云冲的狮子地就动，村子兴旺。

后有人告知下城头一养猪大户的丫鬟，要到西岭山下的白云冲找猪菜，那里猪菜繁多。如此日复一日年复一年，丫鬟在白云冲找了无数年的猪菜，直到有一日，丫鬟在找猪菜的途中累死了，恰好死在了狮子头处。山上的蚂蚁担来泥土掩埋了丫鬟，从此狮子再也不动，白云冲村子也不再兴旺。

村民只好搬到了矮岭。当时的矮岭有罗、李两姓人居住，由于多种原因，两姓人在村中居住磕磕绊绊，时有争吵，很不安宁。罗姓人觉得在矮岭居住难以安居乐业，又见茅樟湾风景优美，土地肥沃，遂迁徙至茅樟。一入茅樟村，四面开阔，耕地与农田沿村子四散围绕，村前一片茂盛的茅樟林，有淮南河自西向东经过，旱涝保收，容易做吃，于是定居。村内现存明清时期的古建筑，除公共祠堂外，还有24座古民居。

三、村落布局

茅樟湾，地处在山清水秀的山塬田峒之中，村前淮南河溪玉带环绕，开阔田地明堂显赫。远处冈峦案山回罩，藏风纳水，阳气昭彰。

村内较好地保留了24座明清时期建设的古建筑，其中门楼1座，碑记1处，四合院4座。现存民居属于桂东传统风格，典型代表为古青石巷、马头飞檐古墙、四方天井。房屋建造精美，造型美观大气；宽庭阔院，舒适宜居。

四、经典建筑

罗氏祠堂

罗氏祠堂位于村东南面的罗氏宗祠建于清代，历经一百多年岁月。面积约350平方米，建筑形式独特，属县级二级文物保护，目前保存良好，是反映当地宗教礼制、民俗风俗的重要空间载体，对研究当地风俗人文具有一定的科学价值和社会价值。

淮南庙

淮南庙始建于明朝洪武年间（1368），是我县历史悠久的古庙之一。原庙址建在柳家乡茅樟村放炮岭，淮南河北岸，现柳家乡小学校园南面供奉的是刘仙圣母、白龙帝君以及孩儿郎君、小娘、八步区的云溪、恭城的黄太尉、湖南永州的刘三妹、湖南永州金花庙的莫仙娘等八位神仙。

有历史记载淮南古庙曾有三次重建，民国时期被列入古文物，国家每年均拨款维修。由于历史原因，于公元1967年7月被毁。2022年3月，经十几个村委干部以及当地有威望的有识之士召集，茅樟村民自发集资，淮南庙已重修建于茅樟农民公园南面现戏台东侧。新庙坐北朝南，背靠青山绿树，面朝淮南河，一马平川，和原淮南古庙朝向一致。短期规划有山门、戏台、淮南庙大殿等仿原庙建筑，中远期建设有宝塔（原镇江降妖文笔宝塔）、风雨桥、龙诞井凉亭游廊、鼓楼等建筑。

五、历史文化

民间信仰

茅樟村是瑶族人民居住的村庄，瑶族人民信奉刘仙娘，村中的淮南庙是总庙，庙里供奉着刘仙娘、白龙帝君以及孩儿郎君、小娘等八位神仙。每年的农历六月十三是刘仙圣母的诞日，"梧州人"在这一天惯节，十分热闹。"刘娘出游"祭祀仪式更是隆重，"梧州人"每家每户事先织好锦带，装扮刘娘的轿子，唱着山歌"请刘娘""接刘娘"，这种信仰就好比沿海地区信奉的女神"妈祖"，它不算一种宗教，它是一种信仰。茅樟村人民信奉刘娘，是信奉刘娘这一种扶危济困、救病治伤的善良伟大的奉献精神，能保佑福禄双全、子孙繁衍不息。

淮南河边的那一片樟林

陈雪梅

　　少时总觉，茅樟二字，最是美妙。光听名字，就仿佛置身于一片广袤的樟林，鸟鸣清幽，光影斑驳，且散发着阵阵的樟树的芳香。茅，如字面意思，茅屋。樟，如字面意思，樟树。一片樟树林里几间茅屋，那种田园的惬意扑面而来。这是茅樟给我这样一个"外人"最初的关于名字而产生的好感及印象。

　　虽然真正的茅樟村并未是这副模样，但茅樟确是有一片樟林。一棵棵香樟，高大挺拔，枝繁叶茂，随风起伏，好似波涛翻滚，绿韵荡漾。乍一看犹如绿色海洋，到处碧波拥翠，清心、淡雅、潇洒、葱茏的景色，让人心醉。

　　我在很小的年纪随小姨来过一次茅樟湾，在那樟树掩映的老祠堂，我第一次观看刘娘出游活动。从下湾村走乡道而来，刘娘的神像坐着花轿被请进了老宗祠，烟雾缭绕。附近各个信奉刘娘的村民带来了鸡、猪头、糍粑、猪肉等贡品，摆满了临时准备的桌子，像是摆满了这世间所有的愿望。我望着花轿上缠满的五颜六色的锦带，心甘情愿地相信，六月十三这一天，刘娘骄傲地向天君请了假，腾着云驾着村民们燃起的香雾来到人间，品尝着众生给她准备的美食，收集着他们淳朴的愿望，要一一替他们实现。

　　有村民递来了一串黄皮果，我尝一口，那酸甜的味道瞬间俘房了我的味觉，那是我第一次吃黄皮果。此后只要我吃黄皮果，就固执地认为，那是茅樟的黄皮果，是刘娘送给那个一身旧衣望着桌上那一串黄皮的像椭圆葡萄的水果流口水的小女孩的酸甜记忆。

　　当我再次踏进茅樟村，用成年人的眼光去审视它的时候，它以更加完整的姿态完满了我的回忆。我终于可以在那片香樟林里徜徉了。一棵棵樟树，各异奇形，有的参天拂云，有的婀娜纤细，有的亭亭华盖，有的滴翠流青。樟树相依相偎，生机勃勃，撑起淮南河边的一片蓝天。

　　听老人说起过，祖先们寻找居住的地方，若能觅得一樟树，实乃圣地。樟树越老，周边的地块越是受庇佑，既能辟邪镇宅，又能保佑福寿。茅樟村拥有这么一大片古樟树，且不是一方圣土？

　　更令我欣喜的是，村庄旁流过的河，有一个很惊艳的名字，叫淮南河。

虽不是"楚州有一河，名为淮南河"的淮南河，但到底给这个村庄和这片樟林覆上了一层不一样的光环。

香樟林最耀眼的打卡点是新建"淮南庙"。淮南庙供奉的主神是刘仙娘，刘仙娘信仰流传于富川"梧州人"居住区广泛流传，刘仙娘被当地民众称为保护神，祭祀活动频繁，民众信奉度极高。

每年的秋收后白露期间，都会组织"刘娘出游"的庙会活动，以祭拜刘娘、庆祝丰收。

陪我一起采风的老主任罗绍雄告诉我：茅樟村的"淮南庙"，竟是总庙，54个分庙由此分出去。淮南庙始建于明朝洪武年间（1368），是我县历史悠久的古庙之一。原庙址建在柳家乡茅樟村放炮岭，淮南河北岸，现柳家乡小学校园南面由于历史原因，于公元1967年7月被毁。2022年3月，经十几个村委干部以及当地有威望的有识之士召集，村民自发集资，淮南庙得以重修。

重建的淮南庙，坐北朝南，背靠香樟林，面朝淮南河。殿宇高大威严，气势宏伟、雕梁画栋、美轮美奂。

老主任喜笑颜开地说：淮南庙的重建，让茅樟村又火了一回。但茅樟村最火的时候是1983年在这片香樟林兴建农民公园。

那不仅是富川，而且是当时的梧州地区的第一个农民公园。开园后，那真是火得不得了，比现在的下湾、岔山火得多。各种参观，各种学习，各种领导，天天人来人往，闹热得很。

受老主任的感染，我仿佛也看到了当时的那一片盛况，仿佛听见咿呀拉嗨和留西啦咧的歌声在香樟林回响。我知道，属于茅樟人的回忆会永远留在这片香樟林里，留在这个山清水秀的原野田园和古村落中。

老主任那满脸皱纹的笑容和连比带画的身影，定格在香樟树下，定格在时光里。微风吹过香樟林，樟叶沙沙作响，似乎在帮老主任打捞着点滴的回忆，温馨如初。

也许，每一棵樟树都有一个美丽的故事和传说，每一片樟叶都有自己珍藏的记忆和思索。我想，既然有美好的回忆，就一定会有更加美好的憧憬。

祝福茅樟，祝福淮南河边的这片香樟林。

▼ 茅樟古村

廊桥溢彩山水间

——第五批中国传统村落油沐大村

古村推介词 gucun tuijieci

油沐大村推介词

富川风雨桥，瑶家的历史风衣，民族的多元雨披！

它不仅是一种风景，更是一种文化。它是仍在潇贺古道上行走的背影，从不曾老去。和桥下的流水一道，欸乃着陈年累月的烟雨故事，渐行渐远……

一条油沐河，一条古马道，从桂湘边境的群山峻岭中蜿蜒向南前行。河流上，古道间。竟然幸存着廻澜、青龙、迴龙、集贤、社尾岗、环涧、毓秀、龙归、儒子东门、西门、双溪等十多座风雨桥。这是一方怎样的地域？这是一种怎样的文化现象？

▼ 油沐大村外景（周海林／绘）

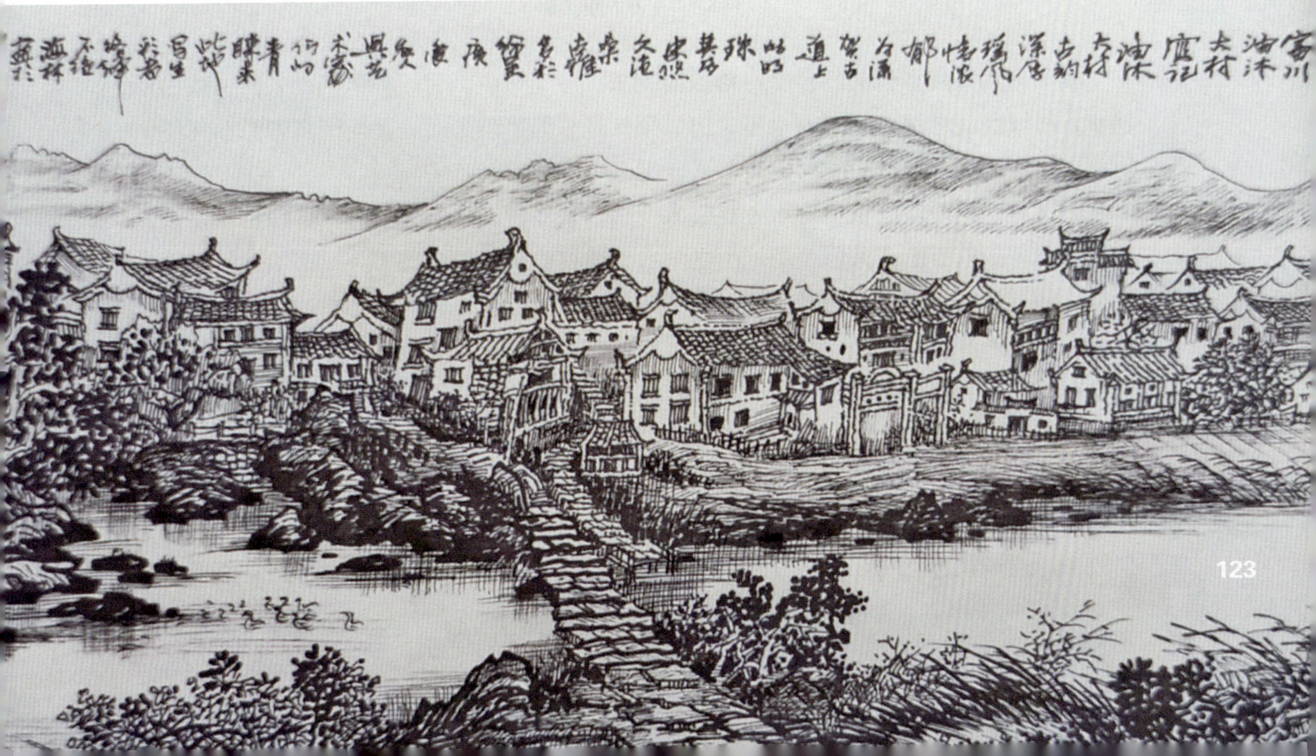

▲ 青龙风雨桥（李穗江／摄）

一、地理位置

油沐村地处在富川县山清水秀的山塬田峒之中，距离朝东镇12公里。海拔200至500米。地形以石山丘陵为主。属于为亚热带季风气候类型，常年雨水充足，气候温和。当地盛产烟草、香芋、竹木，以及水稻、柑橘等农产品。居民数量：500人。

二、历史沿革

油沐村始建于明朝。该村历史悠久，文化积淀深厚，古迹繁多。村内古民居保存相对完整，古青石巷、甜水古井、马头飞檐古墙、四方天井等，见证着油沐村古老的历史质感和悠久民族特色文化传承。2019年6月6日，列入第五批中国传统村落名录。

三、村落布局

油沐村为丘陵型村落，整个村落坐西朝东，三面环山。村域外围四面开阔，依山傍水，村域前面将军山脚下为水稻农田，果林。东面平顶山间一条河流弯弯曲曲环绕过田间穿村而过，村落动植物资源丰富，生态环境优美，风光靓丽。

油沐村四面开阔，依山傍水，村临水而聚，水环村而流；秀竹润户，山影横窗；奇峰峻秀，剑壁刃山；秀色映湖，山光幽古。该村建筑质量良莠不齐，多数建筑质量尚好。该村村内道路已硬化好；排水设施完善；有线电视进入各家各户；垃圾收集设施以及相关人员已齐全。

村落建筑为寨墙环绕，统一的岭南式风格，石砌的池塘边杨柳依依，晚霞间村内飘起缕缕青烟，配上青石古路，构成一幅宁静优美的画面。

油沐村内完好地保留了大量明清时期建设的古建筑。传统民居建筑主要以明代建筑风格为主，建筑形体简练、细节烦琐。建筑设计规划以规模宏大、气象雄伟为主要特点，建筑普遍使用砖墙，一般平民住宅大多用地紧凑，庭院狭小，平面呈不规则

▲ 平地瑶晒锦（林振玉／摄）

形，堂屋居中向南。

油沐传统古村落居民住宅最大的特点是住宅的墙壁或大门均有雕刻的图案，墙壁上有仿木额枋样式、砖雕及其他细部装饰，雕刻内容细腻、典雅。

我们在数百年后的今天，仍然可以踏入村内的古建筑，触摸沉淀着深厚历史的砖瓦，感受她古老的辉煌。

四、重点建筑

风雨桥

该村共有五座风雨桥分别为集贤、毓秀、社尾岗、廻澜、青龙风雨桥，都分别在2013年列入了全国重点文物保护单位。其中廻澜、青龙风雨桥为富川瑶族风雨桥的代表作。

廻澜风雨桥，始建于明万历三十年（1602）的三孔石拱桥，全长37.54米，其中桥廊长30.43米、宽4.64米，占地面积190.5平方米，建筑面积190.5平方米。硬山顶，通高5.6米，中部设一桥亭，歇山屋顶，通高6.7米，采用穿斗式木结构。东北面桥头为一方形砖木结构楼阁，高二层，重檐歇山顶，通高11.08米。

青龙风雨桥，建始于明天启四年（1624）的一座孔石拱桥，全长35.09米，其中桥廊长27.45米、宽4.98米。硬山顶，通高4.49米，中部设一桥亭，歇山屋顶，通高6.3米，采用穿斗式木结构。桥廊下为单拱石桥，拱跨度7.4米。南面桥头为一方形砖木结构阁楼，高三层，重檐歇山顶，通高12.96米，设南、北、东三个门口出入，每层檐下周围有32扇木质花窗，四柱底部为莲花鼓形柱础。廻澜、青龙风雨桥采用了我国北方的石券桥、南方的亭、古远的阁和当地廊桥的建筑元素，楼阁砖墙上有多幅人物花鸟壁画，古典神话故事彩画，门额上分别大书"翠拔群峰""山水环之""升仙气象"，屋面四角飞檐高翘，脊饰泥硕工艺精湛。廻澜、青龙风雨桥相距500米，在当地俗称阴阳桥，其中流传着一个动人的爱情故事，有碑文为证。

集贤风雨桥始建于清光绪十一年（1885），是横跨于油沐沐笼村中部小溪上的一座木梁桥。

毓秀风雨桥始建于清光绪十一年（1885），是横跨于油沐沐笼村中部的小溪上的一座木梁桥。

社尾岗风雨桥始建于清光绪十一年（1885），是横跨于油沐岗湾村田野间的小溪上的一座石拱梁桥。

▼ 瑶族织锦传承（林振玉／摄）

126

宗祠

该村宗祠三进五开间，规模宏大，砖砌仿牌楼式门楼，四柱五檐，楼檐下每组斗拱都有昂如象鼻伸出。门厅及两庑木构架为清式，中进构架乃明式，有檐下斗拱，丁字拱内藏花，瓜柱下置莲花斗。该建筑以其强烈的徽派建筑风韵，屹立在中国古代建筑之林。其丰富的建筑文化内涵，叫人为之惊叹。

五、历史文化

瑶族织锦技艺

居住在富川县传统村落内的汉、瑶等民族的居民，在长期的生产生活过程中，立足本民族的文化，同时与周边民族相互学习借鉴，形成了种类繁多，堪称精品的手工艺制品。其品种形式紧扣农村日常生活，主要包括棋盘布、水路布、桃花布和花带等各类瑶族织锦技艺，以及纳布鞋和瑶绣等传统手工制品。特别是他们植物染色和花筒技

法，用气素雅，图案精美大气。

九都民歌

油沐的瑶族歌堂歌在富川独树一帜，其歌曲种类很多，有"罗罗勒""猜茶歌""情歌""呀呀嘞"等。

油沐瑶族歌堂歌队的节目《邀伴》《板凳长长》《称亲》先后登上2019年中央电视台《新闻联播》方言共祝祖国好，2021年中央电视台央视频道《我家春晚有"宝藏"》《记住乡愁》《中国影像方志》《地理中国》《歌声里的中国》等栏目，先后获得自治区计生文艺比赛二等奖、自治区农民文艺汇演一等奖等等。

六、名人轶事

何廷枢盘兰芝鸳鸯风雨桥的传说

何廷枢，朝东镇豪山村人。字运之，号环应，生于明万历十九年（1591）。万历四十三（1615）乙卯科举人，万历四十四年（1616）丙辰科第200名进士。万历四十四年丙辰科钱士升榜。官至陕西道监察御史、"代天巡狩八省巡按"等职。

何廷枢还乡后行善举，广布施，修桥立寺，资助麦岭村头岗僧人修建青龙寺，并撰文刻碑为记。乡人重修回澜风雨桥时，其资助甚多，并亲撰重修碑记。

在富川有很多他的故事流传，亦有很多他的遗文遗碑传世。民间长期流传着何廷枢与瑶家少女盘兰芝的故事。何廷枢年轻英俊，博学多才，文武双全，与隔河相望的双园栎村瑶族姑娘盘兰芝真情相爱。盘兰芝美丽灵慧，温柔善良，两人心心相印。不料盘兰芝却被皇上派到江南选美的钦差大臣选中送进皇宫。为了能与心上人团聚，何廷枢赴京赶考中进士，后除奸抗倭，差点殉国。而盘皇妃被选入宫之后，由于她正直善良，遭柳皇妃的妒恨和迫害，被遣出宫回到家乡。此时，人们讹传何廷枢抗倭已在前线为国捐躯，盘兰芝闻此噩耗悲恸欲绝，便在黄沙河上修建了青龙风雨桥纪念何廷枢，并在爱桥建成的当天投入黄沙河以死殉情。后来，何廷枢大难不死，代天巡狩八省，皇帝恩准回乡省亲，听到盘兰芝为他建桥殉情的事迹后，为了纪念盘兰芝，便在黄沙河上游修建了回澜风雨桥。回澜桥与青龙桥遥遥相望，厮守圣洁的爱情，将皇妃与巡案的这段真情相爱的风流佳话世代流传，令后人敬佩和赞颂。

李靖黄沙岭群英会

《富川县志》载："唐武德四年（621），李靖由四川出兵伐梁帝，驻师富川长标岭（今黄沙岭），派人分道招抚岭南各民族大首领，并由此率兵南巡。"

（以上资料由何佬整理）

邀伴在油沐

林振玉

《邀伴》是我根据油沐坐堂歌的瑶族"歌堂歌"创编的原生态民歌节目。一经面世，引起了轰动，获得了同行、专家的好评，特别是得到了观众的广泛喜爱。

油沐，是我这几年来得最多的地方，比回自己的老家石枧村不知多多少次。村里人见到我，男女老少都会亲切地打招呼：林馆长回来了？我也总是得意地回答：回来了。

一句"回来了"，让我很开心。我认为这是乡亲们对这个群众文化工作者的认可。

油沐村是一座令人惊艳的文化古村，田园风光、历史文化、非物质遗传都别具特色。村内历史文化遗存十分丰富，明清古建筑保存完好，年轮为古村留下了历史的厚重，岁月却从未带走生活的气息。

每次走进这里，总会有一股浓郁的乡土气息扑面而来，一种久违的亲切让所有的尘世烦扰荡然无存。

我喜欢这里的古色古香。田畴漠漠，炊烟袅袅，村巷幽幽，素墙黛瓦和青石古巷，甜水古井。一间老屋、一棵古树、一湾碧水，每个地方都有自己的根脉与灵魂。每一次在小小的巷子里行走，看到一座座有故事的老房子，仿佛穿越了时空。

我喜欢这里的风雨廊桥。一条小小的油沐河上，竟然幸存着廻澜、青龙、迴龙、集贤、社尾岗、环涧、毓秀、龙归、儒子东门、西门、双溪等十多座风雨桥。这是一方怎样的地域？这是一种怎样的文化现象？

我喜欢这里的乡亲们。一代代生活在这里的村民安静地在这里耕作，宁静淡然，又充满了欢声笑语，每一个来到这里的人都被这里低调的生活方式和热情的人情味所折服。染尘的心灵蓦然回归，浮躁的心灵在不经意间渐入佳境，那是一种净化，那是一种幽远，那是一种宁静。

当然，作为一个群众文化工作者，我更喜欢这里蕴藏的丰厚的民俗传统文化。

油沐村的非物质文化遗产历经数百年风雨，至今仍保存完好，代代传承。这里有富川最精湛的瑶族织锦、瑶族刺绣技艺，有瑶族竹编、藤编手工技艺，还有那别具一格、丰富多彩的瑶族美食。

最让人艳羡的是这里的九都瑶坐歌堂的"歌堂歌"。

坐歌堂起源于春秋战国时期，是在瑶族地区流行的女方家庭在出嫁前举行的一种伴嫁歌舞的文艺形式。即同村的女青年集中在待嫁娘的阁楼上陪同做嫁妆，边做嫁妆边唱坐堂歌，入夜开始，通宵达旦。上半夜唱耍歌，下半夜唱长歌，第二天黎明时，跳伴嫁舞，之后新娘开始哭嫁。

坐堂歌的内容十分丰富，或嬉笑逗耍，或传播历史、生产知识，或歌唱风俗人情，但主要还是围绕妇女生活和出嫁而唱，如赞姐妹、颂姐、女离娘、哭嫁妆、怨爹娘、骂媒人、做媳难、做媳苦、分离歌、送别歌等。演唱形式有独唱、轮唱、合唱、边说边唱、边舞边唱、哭唱、骂唱等。

实际是新娘离家前，长辈对她进行文明礼貌教育。新娘也可以对父母兄嫂提意见，无论多尖锐，父母兄嫂也不能发气。这些都可以说是瑶家的好传统，也是瑶家母女恩爱、姑嫂和睦的重要原因。

富川坐堂歌（溜喉歌）已列为广西非物质文化遗产名录。

油沐一带的坐堂歌传承得特别完美，其歌曲种类很多，有"罗罗勒""猜茶歌""情歌""呀呀嘞"等，而且曲调优美、声音高亢洪亮，撼人心弦。但一直"藏在深闺人未识"，不为外界所知。正是为了让坐堂歌更好的活态传承，我才进驻沐村，组建了"瑶族歌堂队"。

经过不知多次的和村里姐妹们的商讨、演练磨合，终于创编出了一批歌堂歌节目。

油沐瑶族歌堂歌队的节目《邀伴》《板凳长长》《称亲》等节目，先后登上2019年中央电视台《新闻联播》方言共祝祖国好及2021年中央电视台央视频道《我家春晚有"宝藏"》《记住乡愁》《中国影像方志》《地理中国》《歌声里的中国》等栏目，并先后获得贺州市计生文艺比赛一等奖、自治区计生文艺比赛二等奖、自治区农民文艺汇演一等奖。

油沐"瑶族歌堂歌"，终于沿着蜿蜒前行的油沐河，穿过风雨桥那百年沧桑的青石板，走出了大山，共享着山外世界的精彩。

山歌还是那些自娱自乐、现编现唱、传承了千年的山歌，人还是那群纺纱织布、洗衣做饭、插秧割禾洗脚上岸的大姑大嫂，走出大山，却华丽转身，惊艳世人。

邀伴在油沐，你也会成为一道靓丽风景线。

菜篮子绘就古村的诗和远方

——第四批中国传统村落毛家村

131

古村推介词 gucun tuijieci

毛家村推介词

在乡村振兴的大背景下，古村落保护如何避免"千村一面"，如何留住"形"、守住"魂"、吸引"人"？

毛家村遵循"创新保护、科学发展"的理念，把古村落保护与乡村振兴有机融合起来，坚持保护与发展并重的原则，利用古村传统的优势产业，大力发展特色业态。用菜篮子绘就了古村的诗和远方。让古村落有活力、有希望、有生机、有生命力。

▼ 毛家村全景（周海林／绘）

一、地理位置

毛家村位于福利镇西北面，距镇政府3.5公里。毛家村东邻水东村，南与罗丰接壤，西与高圳村遥首相望，北接井头白菜村，古村东面有神剑石林和神仙湖等两个国家4A景区。

全村总面积约18600平方米。现在古民居48座。是第二批自治区级传统村落，第四批中国传统村落。

二、历史沿革

福利毛家村与朝东秀水状元村同宗同源。该村始迁祖毛振甲、毛振箕先在朝东镇秀水石余卜居，随后迁居柳家乡碧溪，接着又复迁福利镇倒退岩，再迁徙到福利镇花岭，最后于清康熙年间来此立寨，定名毛家村。毛氏先祖把种子播在了这里，笃守祖业，休养繁衍，殷盛至富遗于后代子孙，至今已有三百五十多年的历史。现在的毛家村，已经发展到110多户，450多人。

三、村落布局

在一棵婆娑的杨柳树下，有一行葱绿的糍粑叶竹。毛家村北的古井就在这里。那大青石铺成的"日"字形井框中清澈甘洌的水从这里不分昼夜地奔涌，滋养着毛家这一方水土，这一方人。清朝道光年间的石碑，躺在这井旁，成了毛家妇女们洗衣棒槌下的垫底石。

古村坐落在田垌间，沿毛家河而建筑，引河水绕村房而过。民居多为砖木石结构，硬山顶，饰马头墙，盖木格小青瓦，抬梁式木架。原貌保持较好，大部分古民居上有人居住。

▲ 蔬菜种植基地

四、重点建筑

大户人家

房主叫毛发荣，大屋建在毛家河左岸。坐北朝南，是两进"一天井，一横屋"的格局。青砖素瓦，两坡倒水。房子的下堂屋有约二米建在河床上。这部分屋基也浸在河床里，下面用青石砌成。上面改用青砖砌墙。外墙正面有六个拱形的通水孔。上面用石头拱成桥身的样子。东西两侧面则有一个大的涵洞孔。正面墙上，大门居中，有石门槛、木门框、两扇木门组成大门。打开大门两侧欧式的门窗，清新的空气扑面而来。

从左边的侧门进去，就是下堂屋的左厢房。穿过左厢房，就来到天井。天井的石头雕刻得很平，整体来看，呈"回"字形。天井中间的长方形石头，是用一整块石头雕刻成的，中间有浮雕的图案。天井的上方是转盘楼。采用木栏杆护边。站在转盘楼上可以看见天井周围的人，他们正干什么。当年毛发荣就是在这厅房里与客人在皎洁的明月升起来时，举杯畅饮，酒过三巡，菜过五味，不时传来打嗝声。毛发荣靠在毛家、老古城的榨油坊、豆腐坊挣钱，变成大富人家。

村中的老人说，毛兴荣请了120个工人在毛家建房。当时，他请黄牛拉建房材料，就累死了两头黄牛。现在毛兴荣的儿子在北京工作，女儿在上海工作。

五、名优特产

毛家村的土地肥沃，非常适宜种植蔬菜。被誉为粤港澳大湾区的"菜篮子"。毛家村种植的蔬菜品种有豆角、夏阳白、莴笋、毛节瓜、丝瓜、卷心菜、芥菜、芹菜、西红柿、大蒜、辣椒、苦瓜、萝卜、黄金瓜、香芋南瓜、红薯等。

粤港澳大湾区的"菜篮子"

黄忠美

毛家村的土地肥沃，非常适宜种植蔬菜。初秋时节，阳光明媚，当我走在毛家村绿意盎然的蔬菜产业基地时，看见这里果蔬飘香，不禁心潮澎湃。菜畦里，西红柿红着一酡脸，香芋南瓜腆着将军肚，黄瓜在青藤上荡秋千……

富川瑶族自治县福利镇党委和政府以"一村一品"的发展理念，让毛家村把蔬菜产业做大做强。

毛家村历来有种植蔬菜的优良传统。但以前只是小打小闹，只满足自给自足或者供应本地市场。

近年来，毛家村在福利镇党委和政府的引导下，通过土地流转，土地转包的方式，走蔬菜生产向"产业化、现代化、规模化、标准化"的发展模式。通过技术培训，让毛家村的蔬菜种植户实现了分片网格化管理，并与合作社签订了购销合同。毛家村人吃了"定心丸"，更加下大力气种菜。他们科学的选种育苗，科学地管理，切实抓好对蜒虫、青虫、蚜虫、蚂蚁、蜗牛等的病虫害防治工作。品种也从单一到多样化发展，现在，毛家村种植的蔬菜品种有豆角、夏阳白、莴笋、毛节瓜、丝瓜、卷心菜、芥菜、芹菜、西红柿、大蒜、辣椒、苦瓜、萝卜、黄金瓜、香芋南瓜、红薯等。

毛家人是敢吃螃蟹的人，他们把传统种菜的模式向现代种菜模式转型升级，采取自动灌溉喷淋系统，土壤测土配方，智能化管理，把毛家村的菜从产量、质量、品位都大大地提升了。

村子里的毛作峰，是种菜大户，他在毛家村流转土地中，承包了一百多亩土地，还到钟山县承包了五百多亩土地，主要种芥菜、甜菜花、莴笋。毛作峰对我说，一亩莴笋可产八千到一万斤左右，可得五六千一亩的收入。而秋季的芥菜，亩产在五六千斤左右，现在收五毛多钱一斤，可有三千多元左右的收益。冬季的芥菜，每亩却有一万二千斤左右，收购价为每斤七至八毛钱。

　　毛家村，种菜的大户还有毛献和，种了十多亩的香芋南瓜。毛家强，种了二十多亩的芥菜。毛锦云，种了十多亩的香圩南瓜。村子里的毛献芝是蔬菜销售流通能手。他把毛家村的菜，销往广东、湖南，为村里的农产品流通做出了很大的贡献。村里还成立了"富强果蔬合作社"为广大菜农服务。

　　辐射带动周边水东村、沙岗、花岭、西屏的群众发展蔬菜种植八百多亩。比如水东村的蒋英东、蒋英秋、蒋英建各种了三十多亩蔬菜。

　　毛家人，第一季是种水稻。第二季才种菜。一到收菜季节，东方旭日东升，一辆辆车停在蔬菜地旁，农民工在菜地里忙忙碌碌，他们把菜采出来过磅、打包、装车子，四个小时就到了粤港澳大湾区、湖南人的餐桌上。成为他们的美味佳肴。

　　毛家人通过种菜，鼓了腰包，他们建设平房、买汽车、买家电……日子越过越红火。

　　产业兴旺、生态宜居、乡风文明、治理有效、生活富裕，这是实施乡村振兴战略的总要求。保护古村落，就是落实这一重大战略部署。毛家村遵循"创新保护、科学发展"的理念，把古村落保护与乡村振兴有机融合起来，坚持保护与发展并重的原则，利用古村传统的优势产业，大力发展特色业态。让古村落有活力、有希望、有生机、有生命力。

▼ 富川国际慢城文旅（何佬／摄）

留住岁月留住梦

——第四批中国传统村落留家湾村

▶
留家湾民居特色（何佬／摄）

137

古村推介词 gucun tuijieci

留家湾村推介词

祠堂，是中国传统村落中最鲜活的文化遗存，是正宗的中国"国粹"，是一方方最独特的"中国印"。

在富川，有村就有祠，有祠才有堂，有堂才有家。祠堂在，故乡就在，故乡在，家就在。

留家湾，一座富川古村落中最经典的古祠堂，几座最有特色的大宅院，数条残留着岁月印痕的老街巷，成就了今日之风景，散发着昔日的荣光。留住了时光留住了梦，留住了岁月留住了美好，留下了财富留下了精神。

留家湾，留山、留水、留人、留家。

▼ 杨氏宗祠（龙琦东／摄）

古村文档 gucun wendang

▲ 杨家大宅院（林振玉／摄）

一、地理位置

留家湾村离福利镇2公里，距县城13公里，是潇贺古道支线上的一个古村落。古时是湖南江华、道县等地商贾去富川老古城的必经之村。

二、历史沿革

留家湾村始建于清朝康熙年间。为先祖杨氏所建。杨氏先祖由广东梅州一路颠沛流离，见这里四面环山，土地肥沃，便在这里定居，开基散叶。留家湾被列为第二批自治区传统村落；第四批中国传统村落。

留家湾村现有户籍人口为800人，大部分是汉族。

三、村落布局

留家湾村北枕丘陵，坐北朝南，东西两面是蜿蜒葱茏的青山，南北宛如三阳开泰，这方向的土地肥沃，水源充足。四面环山，山环水抱。地形如聚宝盘，一条从豹洞、黄竹山流来的青龙河像一条玉带，从村子里穿过，流向远方。在近三个平方公里的村域中，三百多棵古木参天，四口古井如乳汁般养育着这一方人。十二条古巷纵横交错，飞檐斗拱马头墙，锃亮的青石板街，高耸的碉堡，古村的美可见一斑。留家湾村的其他老宅也各有特点：一些镂空的花，图案在木窗棂上栩栩如生；犹如南天门般的灰塑照壁；浮雕成双狮献瑞的门当；还有那些雕有六只宝瓶，两只鹿，六个龙头，六只鸟，两只喜鹊登枝的镂空门窗；浮雕成花开富贵的石墩；开井中央平石板上鲤鱼跳龙门的石雕。

四、重点建筑

杨遗云大宅院

杨遗云大宅院位于古门楼前方的主干道右边，为清末时期富川首富杨遗云所建。清末时期富川首富杨遗云请了三百余名工匠建成的轩敞大宅，占地面积一千二百平方米，在蓝天白云下，诉说着当年的豪华。大宅四周用大青石砌成，固若金汤。既能防潮、防火、防洪，又能防匪防盗。走进杨遗云的大宅，大院套小院，大屋连小屋。那些木雕，石雕显示了当年主人的富庶与辉煌。

里面的房屋都是四房一天井的格局。屋分为上下两层，层高三米左右。那些花鸟走兽是杨遗云所喜欢的，自然也就在他的大宅的梁、柱子、窗棂、壁板上精雕细琢，惟妙惟肖。张扬着主人的喜好与品位。大宅的围墙用四十厘米厚一米多宽的大青石砌成。这在当时，主人是花了不少钱财来建设的。

杨家大屋

杨家大屋系县级文物保护单位。屋外平整的大青石，铺成的巷道，很有艺术感。从一个马头墙的小侧门进去。里面是个天井。天井中有一口水井，四季不干涸，井水甘冽。滋养了几代人。天井的石板呈回字形。排水系统很科学。既能采光，又能聚瑞气。很符合中国人的传统审美。站在天井里，可见天上瓦蓝瓦蓝的天空。如棉的白云，以及日月星辰，还有那如诗如画的飞檐翘角。三间堂的上厅堂屋很宽敞明亮。

▲ 天井飞檐（林振玉／摄）

古村那方"中国印"

黄忠美

眼前的杨家祠堂，飞檐翘角，气宇轩昂，青砖灰瓦，雕梁画栋，古色古香，美轮美奂，恰似一颗颗璀璨的明珠，镶嵌在青山绿水间。

那天，我陪贺州市作协老主席何佬先生到留家湾采风，一进村就直奔杨氏宗祠。何佬说：祠堂，是中国农村大地上最鲜活的文化遗存，是正宗的中国"国粹"，是一方方最独特的"中国印"。

我说：何佬你说得很精辟，是经典。他说不是他说的，是哲人说的。

何佬告诉我，在富川入选中国传统村落村和广西传统村落的35个古村中，每个村都有祠堂，但留家湾的杨氏宗祠是规模最宏伟，用材最考究，工艺最精湛的。

我是怀着一种景仰，一种崇敬的心情，走进留家湾村"杨氏宗祠"的。

双脚一踏进这座厚重的宗祠里，心都醉了。这宗祠起得好气派呀！双手抚摸着这石柱、石墩，双眼凝视着这木雕、石雕。杨氏先祖艰苦创业的情景就如电影中的镜头，一幕幕浮现在眼前。

徽派建筑特色的杨氏宗祠坐落在村南。始建时原名叫"功臣祠"，清康熙四十七年（1708）改建重修时，更名为"恭城寺"。整个宗祠为上下两厅，上厅两边是正间，下厅两边有道通和次间组成。中间为天井，天井两侧为稍间和香厨，面阔五开间，呈四合院长方形。占地面积为644平方米。那砖砌仿牌楼式的门楼，四柱五檐。楼檐下每组斗拱像大象伸出鼻子。门厅及两庑木构架是清式建筑，中进构架却为明式建筑。那檐下斗拱匠心独运，丁字拱内，藏着一艳丽的花，莲花斗在瓜柱下让人啧啧称赞。民国初期改名为"杨氏宗祠"，左右两边增建了厢房。上下大厅内的八根40厘米的正方形方石柱、两根直径为50厘米的圆木柱，立在不同形状，高矮不等的浮雕雄狮、青蛙、猛虎、兰花、莲花、莲花等图案的石墩上。那阴刻、阳刻的七副对联，记录了杨家人才济济、彪炳史册的辉煌。其中一副寓意最深刻：

汉末敕三公震子孙若秉若赐若彪才皆任栋梁柱石；

唐初崇四杰炯伯仲如王如卢如骆名并齐北斗泰山。

稍间和香厨也有八根20厘米宽的正方形石柱，立在石础上。阴刻、阳刻的对联，立意深远，字体苍劲，雕工娴熟，令人叹为观止。

雄伟壮丽的杨氏宗祠，中间大门高3.6米，宽1.98米，两侧石门宽0.8米，高3.02米，中间的门顶上为四个阳刻的"杨氏宗祠"大字，还有太极八卦图案。字的下方有龙凤呈祥，有凤来仪的图案，中间是一个浮雕的龙珠。左右两侧还有一个小门，门上的大青石门头盖上刻成书而形的图案，左门上阴刻着"左昭"二字，右门阴刻着"右穆"二字。

杨氏宗祠周围的墙基均用长2.12米、高1.98米、厚0.42米的大方块青石砌成，既坚固，又美观。

杨氏宗祠，肯定祀奉着先祖杨令公。千百年来，杨家将的故事口口相传，妇孺皆知。回首历史，宋代杨氏一族，满门忠烈，功绩名垂青史，彪炳千秋。说起杨家将的故事，不仅仅是一种英雄传奇，更成为一种中华民族文化瑰宝。杨家将在中国历史文化中成为正义的化身，在天下人心中化为了忠勇的典范。

可喜的是，留家湾杨氏一族，历代都不乏有识之士。留家湾杨氏后人并没有站在祖宗的肩上，没有躺在功劳本上。他们有他们的天地。当云雾在如诗如画的留家湾上散步，当蜻蜓在阡陌中翩跹，当乡党在田垄里躬耕时，就是他们践行"一等人忠臣孝子，两件事读书耕田"的奋斗时光。无论是武进士杨志坤也好，知府衔五品兰翎杨克配也好，富川首富杨遗云也罢。这些留家湾至亲至爱的人，他们为村人立下了榜样，播撒了浩然正气。活在了人们的心中。杨氏后人当铭记祖德，接过接力棒，再出发，再启程。

更可喜的是，留家湾的子孙秉承杨家将抗敌从戎、报效祖国的精神。村子里先后有杨毓周、杨俊达、杨才学、杨代日、杨俊家、杨俊国、杨俊剑、杨俊富、杨俊珍、杨代雪、杨毓瑞、杨毓锦、杨毓英、杨健、杨如群、杨志意、杨皓、杨昱等人奋勇参军，保家卫国，令人崇敬。

历史也不只是过去，历史就在我们脚下。留家湾杨氏一族继承先祖遗志，在新的历史条件下再立新功。正在书写属于他们这一代杨家人的光荣与梦想。

在富川，有村就有祠，有祠才有堂，有堂才有家。祠堂在，故乡就在，故乡在，家就在。

古道兵营葛母井
——第四批中国传统村落谷母井村

▶ 古道饮马池葛母井（何佬／摄）

古村推介词 gucun tuijieci

谷母井村推介词

富川历史上没有葛坡这个地名，葛坡是新中国成立后为了成立乡级政权取的名字。是用这片区域最有名的两个村庄葛母营和深坡各取一个字合成 "葛坡"的，现在的葛坡这个地方历史上一直叫"青山口"。

富川历史上也没有谷母井这个村名，只有葛母井（不然葛坡就没有出处了）。葛母井是潇贺古道上的重要驿站兵营，也叫葛母营，与麦岭府的前身麦岭营齐名。因此葛母营被列为第三批自治区传统村落，第四批中国传统村落。

▼ 葛母井民居（龙琦东／摄）

古村文档 gucun wendang

▲ 古村风貌

一、地理位置

谷母井村位于富川葛坡镇北部，距离县城17.5公里，距离镇政府3公里。其西南邻斑竹村，南邻深坡村。有谷母井河自东北向西南流经，河水在村东部留下许多暗渠，为村庄用水、灌溉提供了稳定的水源条件。

二、历史沿革

谷母井村形成于宋朝年间，由蒋姓先人自湖南迁徙而来，并定居于此，形成了汉族村落，距今已有约750年历史。目前谷母井村的姓氏主要为蒋氏。也有不同姓氏的村民从各地迁居于蒋家，造就此处拥有不同的姓氏。谷母井村现有户籍人口600多人。

三、村落布局

谷母井村，坐落在山清水秀的山塬田峒之中。背靠绵延丘陵，犹如青龙昂扬盘蜓，将村落环抱其中。面朝田地溪流，村前河溪玉带由西北至东南流过，开阔田地明堂显赫。在溪流与建筑间排布挡风林，以遮挡河溪穿越在西北方向形成的缺口带来的煞气。整个村落最终形成了前阔后高，藏风纳水的风水格局。

谷母井村背山面水，站在村前溪流处，入村道路形成景观视廊，可看到远处山丘为制高点，村庄鳞次栉比，沿地势层层铺开，形成错落有致、连续的景观界面，村落与山体层次分明，景色优美。村落内沿主街巷有连续商贾建筑景观界面，形成一条富有历史印记的风情景观视廊，两条垂直的景观视廊构成了谷母井村的景观框架。

四、经典建筑

陈氏大院为清朝建筑，是深入古巷里以居住功能为主的传统民居，建筑平面为一明两暗或一进一天井水的民居构造格局，建筑立面对称。整体保存较好，其门窗、栏杆、檐部等建筑细部造型精美，具有较高的艺术价值和研究价值。目前已无人居住，整体结构保持良好，但建筑檐部以及栏杆等建筑细部有所损坏、崩塌。

商铺群

谷母井村内保存完整的历史巷道有一条，为潇贺古道谷母井村段。原来均

145

▲ 时光隧道

由碎石块砌筑而成，在村庄道路硬化中被覆盖两层水泥，但古道两侧传统商贾建筑风貌还在，能依稀看到当年的商业盛景。谷母井村段潇贺古道为隋唐后的走向，作为商道使用，反映了历史的变迁，对研究村落聚落形成、历史经济变化具有历史研究价值。

商铺群沿潇贺古道而建，商铺群的建筑功能及形式围绕商业展开，其建筑形式与建造基本保持了原来的风格和特色，传统建筑群由40余座古民居、1座古大院组成，村落传统建筑功能种类丰富，包括住宅、商铺等种类，目前仍有村民居住或使用的有十几栋，其修建年代可追溯至宋朝年间。谷母井村作为潇贺古道上的一条商业街，民居至今仍保留着商铺的面貌见证者昔日的繁荣，反映了当时潇贺古道的社会功能转变，具有重要的历史价值。

镇风亭

镇风亭是潇贺古道上的古凉亭之一。是历史上潇贺古道麦岭段永济亭、龙亭、四宝凉亭等数座凉亭中其中的一座古亭。可惜村民新修的凉亭未能修旧如旧，但古亭的遗存在，总会有机会复原。

葛母井的传说

佬 歌

富川历史上没有葛坡这个地名，葛坡是新中国成立后为了成立乡级政权取的名字。是用这片区域最有名的两个村庄葛母营和深坡各取一个字合成"葛坡"的，现在的葛坡这个地方历史上一直叫"青山口"。

富川历史上也没有谷母井这个村名，只有葛母井（不然葛坡就没有出处了）。葛母井是潇贺古道上的重要驿站兵营，也叫葛母营，与麦岭府的前身麦岭营齐名。

话说汉武帝元鼎六年（前111），汉武帝平定岭南后沿潇贺古道设立了谢沐、冯乘、富川、临贺、封阳、等县邑。老麦岭这片区域，曾较长时间属于冯乘县。宋开宝四年（971）后属富川县。元末明初属油塘乡八都；明末清初属八都六寨；清雍正年间设麦岭府。

不管行政区划怎么变。葛母井始终是麦岭的中心地理位置，而且数度成为麦岭片区的政治中心。比如1950年至1952年，老麦岭属富川县第四区（葛坡区）；1960年至1962年，老麦岭属葛坡公社（那段时间没有麦岭公社），行政机构都设在葛母井。因为当时从南边的巩塘、黄牛塘一直到北边的长春、大坝长达90华里都属麦岭片区，葛母井是最中心点。政府所在地设在中心点的葛母井，一是葛母井自古就是驿站，有公家的房屋用于办公；二是有利于老百姓找政府办公室；三是有利于各村干部集中开会；四是区干部下乡路程均衡。当时可是没有任何交通工具呀，办事、开会、下乡全靠两条腿，如果政府所在地不选择在中心点，多不方便啊。

葛母井地处潇贺古道中线入桂至富川县城段的正中间，潇贺古道穿村而过。村前有麦岭河较大的支流葛母井河，还有一口泉水涌动、常年不竭的古井泉，是最佳的古道驿站选择地。因此，葛母井历代驻兵，既是驿站又是兵营。老麦岭60岁以上的人都知道这里叫葛母营。

当时潇贺古道中线麦岭段设有香山营、麦岭营、鲤鱼营、葛母营。还设有亭、塘，如有永济亭、龙亭、四宝亭，岩口塘、月塘、义竹塘、巩塘、黄牛塘等。古代的营、亭、塘都是古道上的公共设施或者是行政机构。

为什么古道上要设亭和塘呢？方便行人特别是兵马歇息和饮用水呀。设了亭塘又得有人管理呀，万一有人破坏决堤投毒呢？所以又在塘边设了村寨指定专人管理，还把亭周边的村庄设为行政区，接受亭长管辖。众所周知的汉高祖刘邦就是泗水亭的亭长出身。这有点像我们当今的开发区，开发区管不了周边的地方，就让开发区领导兼任当地的长官便于工作，是一个道理。

正因为古时候麦岭和富阳古道上的凉亭有名，所以这一带曾经定名为灵亭乡。

好了，闲话少说，言归正传。关于葛母井的故事是一个神话。说是当年何仙姑路过此地，见这里风景优美，田地肥沃，可惜缺水，老百姓常年受干旱困扰，特别是饮用水困难。于是何仙姑拔出头发上的头簪，在村边的一棵歪脖子古树下顺手一戳，戳出了一口水井，泉水汩汩冒出，清冽甘甜，永不干涸。这就是葛母井的来历。

关于葛母的故事，不是神话，是传说。这个传说有点和客家人关于"葛藤坑"的传说有点类似。

说的是很久很久以前，湘桂边境边民聚众起义，起义的首领叫唐七。起义军杀贪官、烧官府、烽烟四起。为避战乱，百姓纷纷逃难。唐七率起义军征战在潇贺古道途中，见一妇女，肩背着一个男孩，手上还牵着一个男孩匆匆逃奔。唐七看她手牵的男孩比肩背的男孩还小，便责怪妇人不近情理，问妇人为什么背年纪大的小孩，反而让年纪小的走路。妇人不知眼前这个骑着高头大马的人的就是唐七，便说："唐七造反，听说他的兵到处杀人放火，我只好带上子侄随大家逃难。我背的大孩子是先兄的遗孤，手牵的幼孩是我的亲儿子。亲儿子苦点累点没关系，侄儿的父母不在世了，如果他有什么闪失，我这当婶娘的怎么对得起先兄呢？"唐七被其德所感动，便告诉这妇女："我就是唐七，你不用害怕，可速速回家，并将葛藤枝挂于在门头上，做个标记，我的兵就不会侵扰你。"

这位妇女听后谢过唐七便立即回村，告诉乡亲们赶忙采集葛藤枝挂在门上。次日，唐七的兵蜂拥进村，由于唐七已下令全军，不得骚扰门户悬挂有葛藤枝的人。唐七的兵见村上家家门上都挂有葛藤枝，虽然心中有点疑惑，但还是悻悻撤兵。因而，保全了全村人的平安。

无巧不成书，一个姓葛的妇女用葛藤枝救了一村人。村里人为感恩，就把村名改名为葛母村，同时也感念何仙姑头簪掘井之恩，先是叫"仙姑井"，后来又改名葛母井。再后来，因为葛母井常年驻兵，人们又把村庄称为"葛母营"。

龙湾的诗意栖居

——第四批中国传统村落龙湾村

▶ 龙湾古村风貌（龙琦东 摄）

古村推介词 gucun tuijieci

龙湾推介词

　　"土地平旷，屋舍俨然，有良田、美池、桑竹之属，阡陌交通，鸡犬相闻。"这是陶渊明笔下美好家园的最高境界。

　　"世外桃源"景象总是令人心驰神往，人们总有那么一刻想找一个远离城市喧嚣与纷扰的地方，回归到大自然，过滤一下尘世的繁杂。

　　无需寻寻觅觅。来！笔者带您走进中国传统村落——富川石家龙湾，共同感受古村岁月静好的诗意栖居。

▼ 龙湾风貌

古村文档
gucun
wendang

▲ 龙湾大屋（龙琦东／摄）

一、地理位置

龙湾村位于石家乡北部，离乡政府仅6公里，距县城35公里，是潇贺古道东线上的一个古村落。现已经发展成为90多户，人口400多人。

二、历史沿革

龙湾村盘氏先祖在偏歌公、天凤（归科）公倡议下，于元末年间择居于此，迄今已历700多个春秋。龙湾先祖们在这里精诚勤励，贤才辈出，后嗣殷盛繁茂，人文蔚起。是第三批自治区传统村落；第四批中国传统村落。

三、村落布局

龙湾村三面群山环绕，北面山中有黑塘作后墩，雄伟高耸。山脚下有宛如卧龙吐水似的龙窝塘。东西两侧的山似猛虎下山，左拥青龙，右傍白虎，村子如坐在一把交椅上。凉亭河、山背河溪水在村前哗哗流向远方。远山如黛，山冈如屏风，有藏风纳水，阳气昭彰，猛虎下山，神龙吐水之势。

▲龙湾古戏台（黄忠美／摄）

刘家村的古民居，由一个大门楼进去，里面的石板巷道纵横交错。而这里面的古宅，又由一些小门楼来管辖，这种"一夫当关，万夫莫开"的防御体系，可见不同凡响。

那些用五层的大青石垒砌而成的屋基，或者一步一步的石台阶，还有青石板铺成的巷道，无不彰显当时盘氏先祖对建房用料之精巧，肯花大钱建房的用心良苦。

四、重点建筑

龙湾风雨桥

龙湾风雨桥横跨于龙湾刘家村乡道的小溪上，始建于清光绪五年（1879年）的一座木梁桥，桥墩（台）使用料石砌筑，木梁粗大（直径20厘米～22厘米），杉木制作，木梁上铺木板为桥面，桥面上架设进深七间、穿斗式木构架、小青瓦屋面的桥廊和桥亭，桥头两端建马头墙入口。桥总长24.99米、宽4.09米。风雨桥设三跨，每跨为3.90米，桥亭高约3.91米。风雨桥占地面积为124.1平方米，建筑面积为124.1平方米。2013年列为全国重点文物保护单位。

封子庙戏台

封子庙坐落在刘家村村头，树木茂盛的大岭头山下。原庙已毁，现在的庙是在2004年重建的。里面供奉的神像从左到右依次为：莫仙娘、刘仙娘、石先辉、石先龙、石先锋、庙主、土主。

立在封子庙的前面。三重檐的歇山顶下，是四根柱子。八角重拱复斗式藻井。这新戏台于2020年重建，古朴典雅，雄伟壮观，金碧辉煌。

火树银花农具节

黄忠美

每年农历二月初八，是富川石家乡龙湾村的传统"农具节"。这一天，当地和周边的农民们自发聚集在这里进行农具交易，吸引桂湘数万群众前来"赶集"。场面十分壮观。

据说，龙湾"二月八"农具节最早始于唐代的庙会，距今已有一千多年的历史。一天，李姓先祖做了个梦。梦见观音菩萨路过此地，说了句"二月初八，神（龙）湾大发。立庙集会，兴丁富家"。于是发动村民立庙祭祀，把每年的二月初八定位庙会日。

起初各地的民众只是相约农历二月初八到龙湾赶庙会，并借此机会进行各种农具、农产品的交易。但随着参加"二月八"庙会的人越来越多，农具生意也越发兴旺，赶庙会逐渐演变成了农具及农副产品交易会，农具节也因此形成。

这一天，沿途3公里的村道两旁，人潮涌动、吆喝叫卖声不绝于耳，一眼望去，各式各样原生态农具，成为街道主角。一时间，遮阳伞五颜六色，农具琳琅满目。有犁、耙、凳子、簸箕、锄头、镰刀、斗笠、蓑衣、箩筐、铲子、菜刀、贴板、竹筛、牛绳、礼笼、龙骨水车、扁担……农村日常用品应有尽有。

如今"农具节"规模也越来越大，桂湘边界十几个县的人从四面八方聚会龙湾。有购销货物，有行亲访友的，当然，更多的是来看"热闹"的，即使没有购买农具的需要，也会来此感受一下传统农具"盛典"。

只见路上车水马龙，人声鼎沸。开价的、讨价的、还价的，好不热闹。活脱脱一幅现代版的"清明上河图"。

白天的喧嚣刚过，晚上的节目又浓墨重彩地登场了。

周边的十几个村寨家家户户张灯结彩，宾客盈门。人们呼朋喊友，不管是不是亲戚朋友是不是熟人乡亲，甚至不管认识不认识，只要拿一匾鸡蛋，提一盒牛奶加多宝王老吉，就可以走进某一主家，坐下来称兄道弟，海吃海喝、划拳猜码。主家也总是喜笑颜开，来到都是客，热情招呼，添酒加菜，摆流水席，忙得不亦乐乎。

吃饱喝足，看戏看电影，古时还有对山歌。

龙湾村庙会晚上的重头戏是"放花"，土话叫"搬付"，官话叫"放花炮"，其实是一种"树上烟花"。

龙湾的村民把自制的炮仗悉数掏出，外包装黄、红、绿，很吸引人的眼球。他们把炮仗一个连一个，钉在一根又直又长的杉树上，杉树的尾巴上留有叶子。专业人士说，一杆"树上烟花"由二百五十发小炮，四发大炮，八发冲天炮组成。大伙齐心协力，把树干立起来，远远看去活像一棵高大的"圣诞树"。

开时燃放"树上烟花"了。燃放的大叔用烟头点燃了一串门鞭炮。那些引子般的鞭炮点燃了树上炮仗的引线。小炮接二连三地从下往上燃放，发出"叭吼叭吼"的声音。大炮的声音持续夹杂刺耳轰鸣，冲天炮如天女散花，飞向天空。百米开外，人山人海，为一睹龙湾"树上烟花"芳容。尖叫声、忽哨声、欢呼声伴着爆竹声，震耳欲聋。古村变成了欢乐的海洋。

龙湾农具节，一方水土涵养的一方民俗。

树上花炮，盛放民俗里永恒的花朵与乡愁。

▼ 富川抢花炮（王思隆／摄）

154

越陵古道边的城上

——第四批中国传统村落城上村

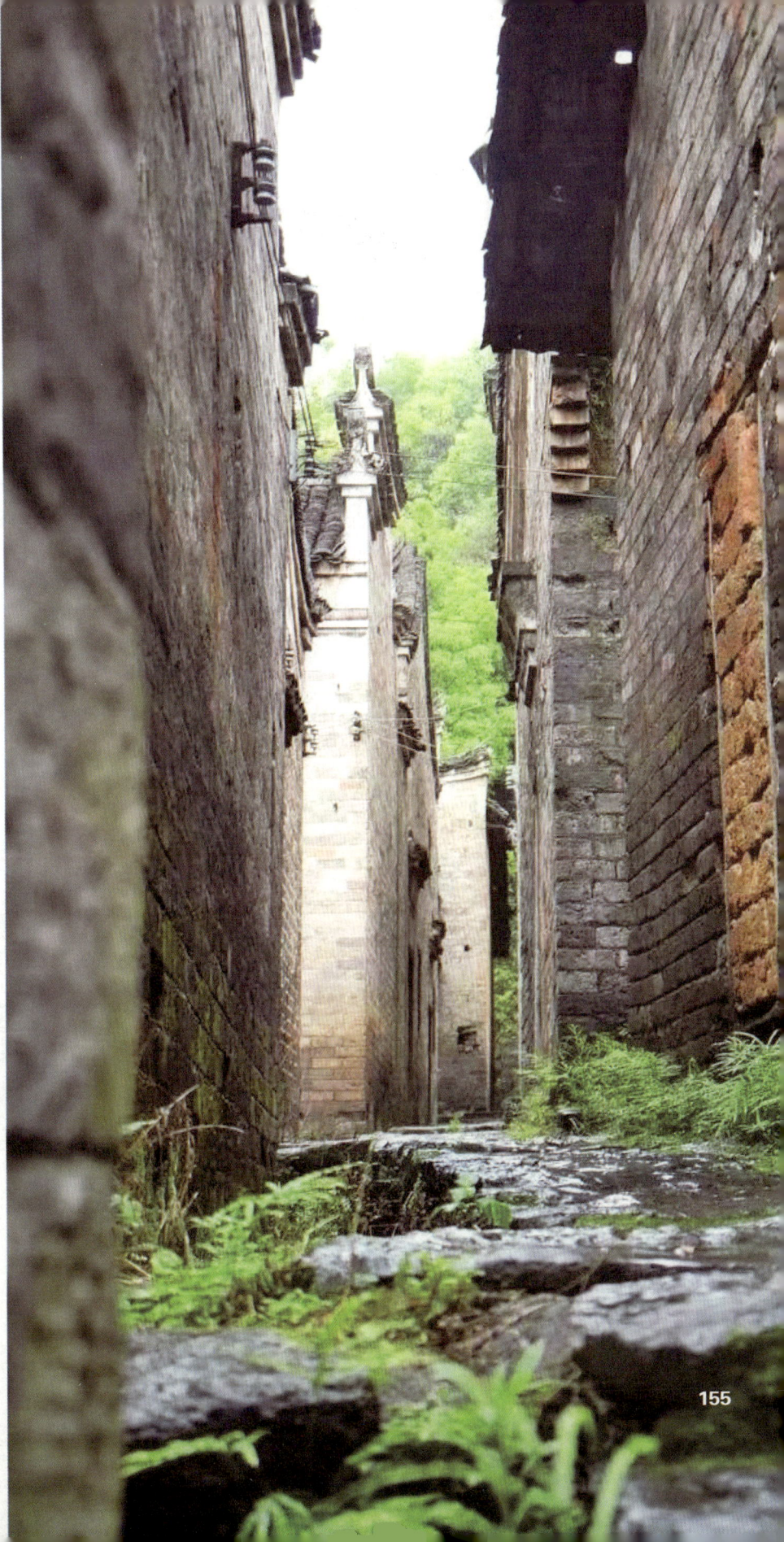

▶ 小巷（何佬／摄）

155

古村推介词 gucun tuijieci

城上村推介词

长亭外，古道边，一口半月形的水塘，滋养着一座古老的村庄。你说是村，但老人却执拗地把它叫城，人家的村名就叫"城上"。你还别说，按村落的体量、格局和气场，也许在古时候，它真的就是潇贺古道支线越陵古道上的城——城堡驿站。

▼ 城上村风貌（周海林／绘）

古村文档 gucun wendang

▲ 上城民居特色

一、地理位置

城上村位于石家乡政府北面三公里处，距离县城20公里。历史上是潇贺古道东线、越陵古道线上的一个重要村落。

二、历史沿革

城上村的先祖于明洪武初，自福建一路颠沛流离迁徙而来，先是落脚世家村；明朝永乐年间（1410）又从世家村迁到城上。林氏后人在这里，开垦田地，建设家园，繁衍生息，至今已有四百多年。城上村现有人口250多户，1000多人。

三、村落布局

城上村山环水抱，是绝佳的栖息之地。背靠后龙山，山上古木参天，植被丰厚，郁郁苍苍。村前是一口硕大的半月形的水塘，绿水清幽，鱼翔湖底；岸边古樟翠柳、绿树成荫。清清的塘水映照着蓝天白云和古民居、古门楼的飞檐翘角，景色雅致，美不胜收。栖息在这古朴的房子里，听夜雨淋瓦，煮酒吟歌，宁静祥和。

四、重点建筑

林家大屋

水塘边，主街道正中间的仙薪门楼后面，有一座"一天井，一三间堂"结构的古民居大屋。房子墙体是用青砖砌成，并用石灰勾勒了墙缝。大门左边的门枕石，不知出自那个石匠之手，精雕细琢：下层是花纹，上层图案是鲜花配绿叶。侧面图案分别为"鹤舞祥云"和"铜钱孔中一朵花"。另一个门枕石经过石匠的匠心独运，呈现出惟妙惟肖的图案。正面的下层是花纹，上层为"花开富贵"之图。两侧的图案分别为"鹿回头"和"跪羊图"。房子墙角用两块条石砌成"T"形，加强了长者的稳固性、美观性。

宗祠建筑

从香花门楼进去，就到了林氏宗祠。宗祠始建于清康熙三十二年（1693），至今已有三百多年的历史了。祠堂分为上殿堂、下殿堂、中间是天井。宗祠几经修葺、扩建，才有了现在这气势恢宏的建筑。这是一栋青砖小瓦，两坡倒水歇山顶结构的房子。沿着五级台阶便可上到大门。大门前面有两个石墩，底层为正六边形，上面为圆石

157

鼓形。下殿门楣上方为苍劲有力红底黑字的"林氏宗祠"四个大字。宗祠大门联为"首创康熙光环宇，重兴壬午荣子孙。"中间是采日月星辰之光的长方形天井。从左右一坡倒水的走廊下的两边阶梯往上走，可走到上殿朝拜先祖。上殿供奉着林氏的先祖。上方有红底金字的匾额，上书"九牧堂"三个大字。左右两边的对联是"三仁世泽荣先代；九牧书香裕后昆"，内联为"烛吐青云兰芽秀；香腾紫气棣萼芳"。

三座门楼

香花门楼。香花门楼呈"八"字形，在阳光下，显得更如妩媚。大门由石门槛、石门帮组成。门楣上方是黑底阴刻的"毓秀钟灵"四个大字。上面有两个瞭望孔。门楼为两坡倒水，屋顶盖着黄色的琉璃瓦，屋脊上，是"双龙抢珠"的装饰。侧头各有一金色的瑞狮遥首相望。墙下左右各放置着一鼓形的石墩。

八字门楼。门楼对联为"山水清奇凝翰墨；诗书雅俗重儒风"。门楼两侧的两堵墙为"八"字形墙。左边方框内为瓷砖壁画"金凤呈祥"，右边方框内壁画为"金龙献瑞"。

仙薪门楼。门楼由九步阶梯而上。门楼联很大气："祖业英名垂青史；春秋义勇壮山河"。门楣上是红底黄字：仙薪门楼。屋脊中间是"双龙抢珠"饰品，两头各安一黄色雄狮呈祥。

五、历史文化

一年一度的六月十六日，是林氏先祖的生日，全村人都要参加。按每户人头凑钱。

舞狮是城上村的一门民间艺术。现在仍有一支三十多人的舞狮队伍。

▼ 山水清音（蒋玉兰 / 供图）

古村品读 gucun pindu

这方水土这方人

黄忠美

　　古时，这条是潇贺古道的支线，也叫越陵古道线。是架设在海上丝绸之路与南岭之间的陆路通道，也是湘楚联结岭南的重要纽带。许多的商队、旅队、军队都从这条古道上走过。那些良种马迈着踌躇步儿，驮着盐巴、洋火、洋烟、洋钉、洋油和洋布向北而去；而挥汗如雨的挑夫，肩挑背驮着内地的瓷器、陶器、茶叶、桐油、绫罗绸缎、瑶锦瑶绣步履蹒跚地往南而行。

　　林氏先祖看上了古道边的这块风水宝地，他们便把家立在了这里。于是，一座座房子，一条条石板路，一个个门楼，一块块田，一丘丘地，一口口塘，就在这山里奇迹般地滋生。

　　原先荒芜之地，便有了鸡犬相闻，便有了袅袅炊烟。稻粱生长，鱼跃塘洼，猪拱烂泥，牛耕沃土，娃追蜻蜓……这一幕幕，成了城上村美丽动人的画面。

　　城上村的古民居，都是砖木结构。墙大多是火砖，瓦是灰瓦。那些柱子、抬梁、木窗，都是木匠师傅们的力作。

　　房子从踩泥、打砖、制瓦、烧砖、烧瓦、挖屋脚、下石料、行墙、竖门、平桶、上梁、盖瓦、平整屋地、封楼板、安门等工序。每一道工序都有亲朋兄弟来帮忙。特别是打砖、制瓦、挑砖瓦入窑，挖屋脚、搬石头、下屋脚、抬门槛石、挑砖、挑瓦等等，都有亲朋好友来帮助。体现了"一方有难、八方支援"，的良好后人际关系。建房期间，亲朋好友会买来菜，招待建房的师父，体现互相帮助，尊敬师父的良好传统，瑶乡叫供匠。

　　房子建好了，主家会办一个隆重的仪式，叫吃盖屋酒。建房师父、村中叔侄、亲朋好友，都是必邀请的。这也算是主家对亲朋的答谢宴。亲朋会在大门外燃放鞭炮，送上镜子、八挂钟等礼品，以示庆贺主家大厦落成。汤猪宰羊，鸡鸭鱼肉，大口吃菜，大碗喝酒，猜码行令，呼朋喊友，其乐融融。

　　每一座古民居都见证了主人生活的点点滴滴滴。比如说主家儿子的相亲、拿八字、上门、结婚、办三朝酒等；又比如说主家的女儿出嫁、花轿、

▲ 城上门楼（龙琦东 / 摄）

哭嫁送亲、回门。

每一座古民居都见证了洞房花烛夜，见证了小孩咿呀呀学语学步，见证了主人织布缝衣、织锦绣花。见证了仔大分家，子孙升学；当然，也见证了主人家接香火，老人吃轮供，老人过世的打斋追修。总之见证了所有的红白喜事、酸甜苦辣、嬉笑怒骂、喜乐哀愁……

每一座古民居老屋承载的故事太多太多。

村里的石磨、石碓，曾经是这一方人的"加工厂"。磨豆腐、碓玉米粉等等，就成了村里美丽动人的一景。这些土里长出的特产，经过石器时代的宝贝加工，就走上了城上人的餐桌。在城上的嫂子、婶子们的操持下，油炸豆腐、水豆腐、豆腐干、玉米粥、红薯饭、南瓜粥……就成了城上人一日三餐的口粮，滋养着这一方水土，这一方人。

青石板路，在那时没有水泥制品的时代，这种路就是档次比较高的路。雨天不泥泞，美观大方，坚固耐用。小孩子在这里玩过躲猫猫、滚过铁环、打过陀螺、抓过蚂蚱、看过蚂蚁。这里留下太多的记忆，太多的乡愁。

如今，头发染成红的、黄的后生，描着口红、穿着短裙的妹子，他们是新时代的幸运儿。他们不时用手机与远方的朋友、网友、工友聊着天，通着视频。村里的古宅大多没人居住了。人们在几层高的小洋房里，看着彩电里的肥皂剧。洗衣用是全自动洗衣机，做饭用的是电饭煲，做菜用的是液化气，热水用的是太阳能，出门有轿车……

城上村民的生活，日新月异，改天换地！

星星还是那个星星，月亮还是那个月亮，村后的山还是那座山，村前的水塘还是那座水塘。

而山村已经不是原来的山村。

潇贺古道上的城头堡
——全国第四批古村落村头岗村

161

古村推介词 *gucun tuijieci*

村头岗村推介词

一座城堡，承载着一段历史，也浓缩着一段记忆。

村头岗，城头堡，默默固守着宁静的土地，一言不发。它是在闭目思过，咀嚼千年古道过往的记忆？还是在闭目养神，继续低头书写自己的故事？

▼ 村头岗全貌（周海林／绘）

古村文档 gucun wendang

▲ 村头岗前景

一、地理位置

村头岗村位于富川麦岭镇西侧，距麦岭街3公里，离永贺高速麦岭出口2公里，有油沐至麦岭县道从村前通过，自古以来交通便利。历史上是潇贺古道中线的亭塘城堡。现有人口800多人。

二、历史沿革

据族谱记载，唐姓祖先隋末唐初进入富川，数度迁徙，至明初，族氏分支到村头岗立寨，距今已有500多年历史。

村头岗唐姓元代曾有唐七、唐廿一聚众起义，失败后全村逃亡入山，明洪武时期被招安回来，并入籍黄册，成为一支身份特别的汉族。他们守护关隘，保证过往商客安全，对岭南明初经济发展和社会稳定起到了良好的作用。村头岗自唐末元一公雷州府解甲归乡，在荔平古关据守对抗黄巢起义军兵，后定居冯乘故县治大宅岗，明中期有中兴祖弼公中进士才右移至现址，因曾"留铨两台（升为御史）"，故又称为春（方言音今近铨）台坊。

三、村落布局

村头岗坐落在丘陵地带，坐西朝东。村后是树木葱茏的山坡，村前田野开阔，有河流环绕，风景优美。古民居90多座，村内还有古门楼、古祠堂等古建筑，村落占地面积为14800平方米。

富川晋阳唐氏源于唐二十四凌烟阁功臣之一唐俭，宗族观念很强。村头岗千余年来一村同姓，分三房共六个门楼，六条巷道沿山势而建。巷前都设闸门和小炮楼。它地势较高，下临护村河"一字塘"（据说也是城壕），沿塘一条曲折如尺的大青石石板街，是富川乡村最宽最平整的古街道。

村头岗为子午朝向，方向极正，原为官府办公之所。左有黄石山青龙昂首，右有冯乘岗白虎献瑞。更兼村前一字塘蜿蜒流过，如玉带围腰。祠堂前有月牙形池塘，一年四季鱼戏虾游，汇聚天光云影。稍远有古井、拱桥，更远处是画卷平舒、水明如镜的金田水库。过去村前还有土城墙、青龙塘、文昌阁、碉堡等，呈笔砚案台之象。整体枕山带水，生意盎然，诚为藏风聚气的宜居宝地。

四、重点建筑

唐氏宗祠

始建于明代天顺年间，有500多年历史。祠堂分上下两进，总面积达800平方米，是镇内最宏伟的宗祠之一。现存下祠堂为抬梁式木架结构，共有十个柱础支撑，第二层为戏台，供村民逢年过节唱戏听戏使用。上祠堂称集贤祠，敬奉开宗始祖唐俭、始迁祖唐元和中兴都祖唐弼以及书画名家唐寅等列祖列宗，神台上刻堂号"晋阳堂"，左右嵌对联为："系出青州源流远；支分富水世泽长。"整座宗祠是唐氏一族重视伦理道德和文化传承的集中体现。

公共建筑

青石街：村头岗古村落主要以青石板街为主，全长400多米。古街宽三米左右，原为三镶石板铺垫，后因年久失修，靠池塘一排条石脱落，现只有靠里的条石镶接大石板，依然平整稳固。

群英书室：群英书室在大门楼内右侧，于清末民初由三房后裔唐社通、唐光体创建，取《千字文》"既集坟典，亦聚群英"（这里收藏了很多的典籍名著，也集着成群的文武英才）之意命名。书屋共两层，土木结构，前后两进，60多平方米。条石整齐嵌成的天井，内部窗明几亮，供师生学习，楼上则为书友聚会谈古论今之所。

▼ 村头岗鸟瞰

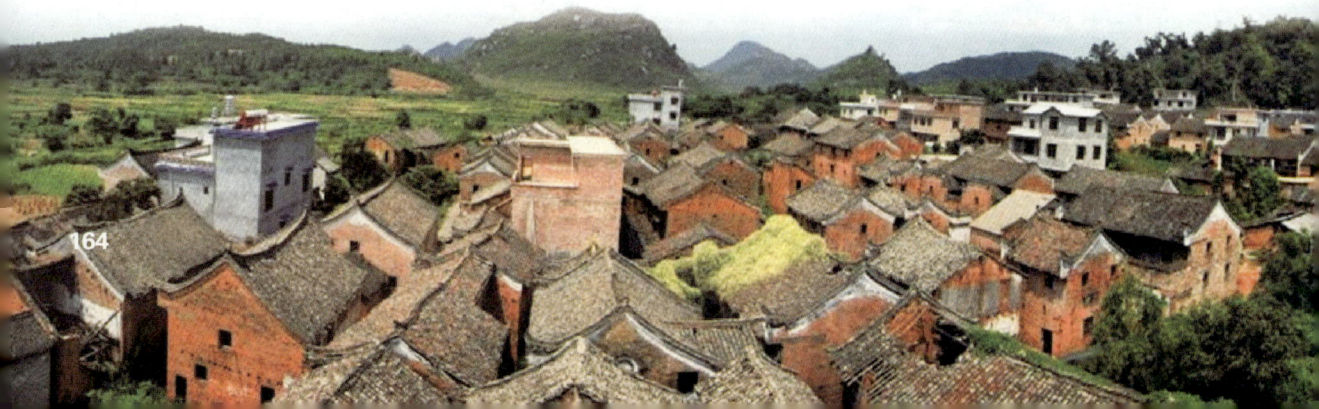

古道城堡村头岗初考

唐春林

　　这里所要说的城堡，是潇贺古道上冯乘县治遗存的城头堡。

　　堡本义指土筑的小城。也泛指军事上构筑的工事，如碉堡、堡垒等。亭以堡名，现在我们能找到的堡只有二个，一在葛坡马坪村，由马渡和养牛坪两个寨堡组成，故名马坪堡；一在村头岗，因背倚冯乘岗，故名冯乘堡。马坪堡我在去年和贺州学院黄教授去看过，现为两个小村庄，已基本上没有坞堡痕迹了，只有冯乘堡，除村民建有一座瓦房和两栋楼房外，其他大体形状还在。

　　县志军事兵额一栏载：

　　明：富川守御所原额旗军一千二百四十九名。旗军二百名，守城兵四十名，各堡兵一百四十七名。钟山镇，哨军三十名，每半年在哨所更替，以哨官统之。东厢堡，额兵十二名……黄色堡，额兵十五名。抵源堡，额兵十名……养马坪堡，额兵二十名，内拨六名界牌堡。古岷堡，额兵十二名……城头岗堡，额兵十名……黄色应为黄石之误，古岷是石家石枧村旧称，城头岗即今村头岗。据此可知，冯乘堡又名城头岗堡，明代曾驻兵重点守卫，也是一军事要塞。

　　明初以国防为重，为减轻养兵军费负担，朱元璋决定在各地军事驻地进行屯田。《明太祖实录》载：洪武二十九年"广西布政使言，新设南丹等卫，岁用军饷二十余万，有所征不能供，帝命置屯田，稗军士耕种"。这种制度很好，但到了明中期就开始弱化了。

　　旧志《兵防》一章载：

　　……夫何法度废驰，军士逃亡几尽，今存者较原额籍十之二，其有缦缨重袭与夫能飞铎迤戈者，又宁有几，奚怪乎逆党盈野，置堡增兵之议日滋耶……相险设屯，扼其吭而拊其背，于计诚便矣，虽然，各堡之相去几千（十）里，守其中者，多不过二十人，少者仅十余人，遏其窃优莽翳，越人于货者则可，万一有不逞者群然而起，特委而去耳，何能御焉？……书曰揆文教奋武卫，夫绥服去京师千里尚兢兢以武卫言之，况富界岭表，瑶僮杂居，由嘉靖及国朝顺治康熙，屡滋不靖。

军户逃亡之后，特别是明清交替之时，麦岭八都人民据守坞堡，与清兵或流寇进行游击战争，各堡既可自卫又可以呼应出击，可见城堡的作用是非常大的。

城头岗堡建在村头岗村前，左环冯乘河，河边一口古井，取水很方便。另三面土城墙下都挖有宽六米深近两米的城壕，今已淤堵，变成小池塘或水田。老人讲往年不种田时，秋后用茶麸闹鱼，每条壕沟都能获野鱼几百斤，鲶鱼、鳅鱼、鳝鱼、斑鱼以及甲鱼等特别多……

城墙夯土筑成，一丈多高，外用四六九尺寸青砖包住。青砖在清代毁城后剥除，只在田间地头偶尔还能看到一两段不成形的断残砖（铺地则用八寸小方砖，尚有一两块保存完好）。

堡呈方形，宽深都在二百米左右。内有兵房基址，沿中间过道分置两旁，古道东西走向，驻兵时有东城门和西城门，都用平整的石头砌成。城堡拆除后，石头一部分砌入河岸挡水，一部分在桥旁垒成墙，围一片小树林，中间树一块厚实高大的泰山石，浮雕着辟邪貔貅，庄严肃穆，透着神灵的气息，令观者油然而生敬畏之心。

城堡必然有碉堡，为与前面文昌阁对应，它设在西门附近高岸处，同时守护村头岗古街西入口。抗日阻击战时，日兵占据后，碉堡成为美国空军轰炸的一个目标，但考虑到会伤害居民，没有炸成，倒是"文革"时被拆毁。

冯乘河源于黄侯泉，是都庞岭余脉黄沙岭积聚的"龙骨水"。过去泉眼喷涌如趵突泉，流量很大，沿河土民繁衍生息，建筑很多。上游有盐监寺，中游有盐相寺，下游有青龙寺，然后在仙娘山下与黄石溪汇合处还有一寺，基址仍在，寺名待考证。

桥则有毓贤桥（即国保护建筑黄侯泉风雨桥）、坝头桥、唐官桥等。古道纵横交错，有三个方向，一往东过宝剑秀林到石家（有古氓堡）再到白芒营；一往南经金田到新造岗等再到深坡街；一往西南穿松林过杨家枥（或过流源嶮下鲤鱼营）到城北。

去白芒营的古道主要为军事交通所用，其他则主要是到古城码头做盐茶等生意。元代之前，古道经大宅岗上月塘过龙亭，再出荔平关入江永。元宣和剿灭唐七等起义后，原路被破坏，就逐步集中到联通七都及湖南桃川、上甘棠的城头堡这条道路了。

志书载元中于1334年，村头岗唐姓曾有唐七、唐廿一起义，聚众上万，曾攻破富川、贺州等城池。后来元朝廷征集湖北、江西、湖南、广东等各省数万兵力前来剿杀。起义失败后全村逃亡入山，明洪武时期被招安回来，并入籍黄册，成为一支身份特别的汉族。他们守护关隘，保证过往商客安全，对岭南明初经济发展和社会稳定起到了良好的作用。

一座城堡，承载着一段历史，也浓缩着一段记忆。

村头岗，城头堡，默默固守着宁静的土地，一言不发。它是在闭目思过，咀嚼千年古道过往的记忆？还是在闭目养神，继续低头书写自己的故事？

鲜为人知的丁山

——第五批中国传统村落丁山村

▶ 坚挺的炮楼（龙琦东／摄）

古村推介词 *gucun tuijieci*

丁山村推介词

走进丁山村，仿佛进入时间隧道，时光倒流了数百年，我们又回到了明代，回到了清朝。丁山村的古民居建筑，可以称得上是一座"明清民居建筑的露天博物馆"，展览着一部古道民居发展的史诗，成为观赏和研究富川村落传统文化的大看台。

▼ 丁山风貌

▲ 古戏台

一、地理位置

丁山村隶属古城镇，距镇政府所在地横山4公里。现有户籍人口966人。

二、历史沿革

丁山村地处在山清水秀的山垅田峒之中，始建于明洪武初，为毛氏先人所开创，历明清两个朝代，距今已有630多年历史。该村历史悠久，文化积淀深厚，古迹繁多。已列为第二批自治区传统村落；第五批中国传统村落。

三、村落布局

（一）外部环境

丁山村，地处在山清水秀的山垅田峒之中，三面群山环抱，背后靠山高耸厚重，左腾青龙昂扬盘蜒，右居白虎雄视卧踞，形成一把巨大的交椅将村落环抱。村前河溪玉带环绕，开阔田地明堂显赫。远处冈峦案山回罩，藏风纳水，阳气昭彰。

丁山村四面开阔，依山傍水，村临水而聚，水环村而流；秀竹润户，山影横窗；奇峰峻秀，剑壁刃山；秀色映湖，山光幽古。

（二）内部格局

村内环境

丁山村为多民族聚居村落。传统民居顺山势鳞次栉比，其建筑包括宗祠1座、炮楼2座、门楼5座，宅第民居60座。该建筑群为砖木石结构，硬山顶，盖青瓦，硬山面饰马头墙，木架结构多为抬梁式或抬梁穿斗混合结构。房屋建造精美，造型美观大气；宽庭阔院，气派非凡。

传统建筑以青砖布瓦为主，内外巷道衢边，皆用青石条、青石板铺垫。民居建筑风格大体一致，整体纵向联排，大门旁出，单位建筑以小四合（天井式）为主，部分围拢、硬山式人字顶、梯字形封火墙，屋脊为老布瓦叠脊，部分垂脊饰蝙蝠，瓦作滴水制作精美，檐角高翘，隔屏雕花，花窗，有着浓浓的传统文化氛围。

169

▲ 从左至右：古道背影、城堡炮楼（龙琦东／摄）　　**171**

丁山民居古建集锦

佬　歌

每一个古村落，都是一个传奇，它们承载着极其丰富的历史记忆、人文生态和社会发展轨迹。

走进丁山村，仿佛进入时间隧道，时光倒流了数百年，我们又回到了明代，回到了清朝。丁山村的古民居建筑，从明代的流畅简洁到清代的富藻繁丽，以至近代的返璞归真，为我们画出了一条思想史、审美史和社会史的完整轨迹。

丁山，是一个历史悠久、民风淳朴的古村，是一幅被飞速发展的时代无意间遗落下来的历史画卷。这里，田园广阔，水秀山明；这里，历史悠久、古居集聚。这里，高墙素瓦，街巷井然，碉堡高耸，门楼显赫，青石板街，幽然致远。

丁山，在富川众多的古村落中，鲜为人知，或者是说，它真的太低调。但它的经典民居建筑，和秀水福溪相比，一点都不逊色。笔者不是一个好的导游，更不是一个好的作家，不能绘声绘色地给您述说丁山古村如何的不同凡响。只是把丁山古村一些经典建筑的简介剪切粘贴出来，算是集锦吧。

三镶石板街。丁山古村中间一条青石板街，块块街石一样大，方石条两边镶石，称为三镶石板街，宽3米，全长1000米。人造水沟沿着三镶古石板街流过。从该古村落现存的最早牌匾判断，三镶石板街的铺设于明末，此后不断进行修缮，从古村落中碑刻记载可知，康熙三十四年、光绪年间都进行过修缮。

门楼5座。门楼均坐北朝南，由门楼、照壁墙和一块平台组成，总建筑面积129.9平方米。门楼三面阔，四进深，抬梁式硬山构架，灰色布瓦盖顶，照壁墙双肩马头墙两层飞檐，平台由河卵石铺面。门楼作为丁山户门，是富川传统瑶族建筑形式，具有一定的历史研究价值。

忠孝堂。坐落在丁山村之中，为清朝时期举人刘元康的私属府邸。该府始建于乾隆癸巳年，为刘元康获中将官衔后，回乡省亲时耗巨资兴建的一处豪门宅院。举人府邸建制恢宏、建筑精良。

炮楼2座。一座长4.26米，宽4.1米；另一座长5.1米，宽4.41米，两座炮楼均高五层。其中一座集防御观察，休闲纳凉双重功能于一体，建筑样式别致独特。该建筑群为砖木石结构，硬山顶，盖青瓦，硬山面饰马头墙，木架结构多为抬梁式或抬梁穿斗混合结构。房屋建造精美，造型美观大气；宽庭阔院，气派非凡。

宗祠。杨氏宗祠建于光绪二十七年，长21.94米，宽17.77米。为二进二厢四合院式木构建筑抬梁穿斗混合式梁架，悬山屋顶。中有戏台，平面呈方形，四柱，歇山顶，八角重拱复斗式藻井。是明代典型的木构祠宇建筑。

石板桥。明代所建，具体年代无记录。其长15.6米，宽1.5米，共三跨，每跨由双块40厘米厚的石板铺架，每跨长度均不相等。每跨长为（由北向南）5.2米。桥墩由青石叠砌。迎水面为箭头状，出水高度2.6米。

丁家围屋。始建于清末民初，总建筑地面400平方米，整组建筑坐西朝东。建筑为砖木结构、硬山顶飞角龙头，外墙由1.92米高的大石条墙接磨制平整的青砖砌筑，灰黑色布瓦盖顶。

丁家大院是当地乡绅大户人家的乡土建筑，其总体布局完整，屋内多是木质结构雕刻花鸟、福禄等镂空，浮雕图案的门、窗隔墙，整座大屋原有48扇门，上下两屋，木制阁楼，两天井均为打制的长石板，正厅木门为8开雕花大门，是研究清末富川当地乡绅大户建筑形式的实物资料，具有较高的历史艺术价值。

除经典建筑外，丁山保留基本完好的宅第民居还有60座。该建筑群为砖木石结构，硬山顶，盖青瓦，硬山面饰马头墙，木架结构多为抬梁式或抬梁穿斗混合结构。房屋建造精美，造型美观大气；宽庭阔院，气派非凡。

宅第民居传统建筑以青砖布瓦为主，内外巷道衢边，皆用青石条、青石板铺垫。民居建筑风格大体一致，整体纵向联排，大门旁出，单位建筑以小四合（天井式）为主，部分围拢、硬山式人字顶、梯字形封火墙，屋脊为老布瓦叠脊，部分垂脊饰蝙蝠，瓦作滴水制作精美，檐角高翘，隔屏雕花，花窗，有着浓浓的传统文化氛围。

丁山村可以称得上是一座"明清民居建筑的露天博物馆"，展览着一部古道民居发展的史诗，成为观赏和研究富川传统文化的大看台。

丁山村古民居在不同时期的建筑风格、雕饰图案，无不深深地烙上了时代的印记。在一条条幽巷、一级级青石板中，我们读到了岁月的变迁和叹息，也读到了丁山人的追求和快乐。这里不仅有一座座写满历史写满沧桑的古建筑，这里更是一方让人流连的净土。

世族名门东山村
——第六批中国传统村落朝东村

文昌阁顶盖图（何佬／摄）

古村推介词 *gucun tuijieci*

东山村推介词

岁月的脚步踏过五百年，无形，却有痕。

朝东村，现名东山村，古道名村，名门世族，曾名震湘桂、富甲一方。是第二批自治区传统村落；第六批中国传统村落。一个朴素幽静的古老村庄，在尘世一角守着一份清寂，守着旧时的一砖一瓦，等你到来。给你慢慢叙说它的古朴宁静，它的沧桑持重，以及它从容的静寂。

▼ 东山风貌（周海林／绘）

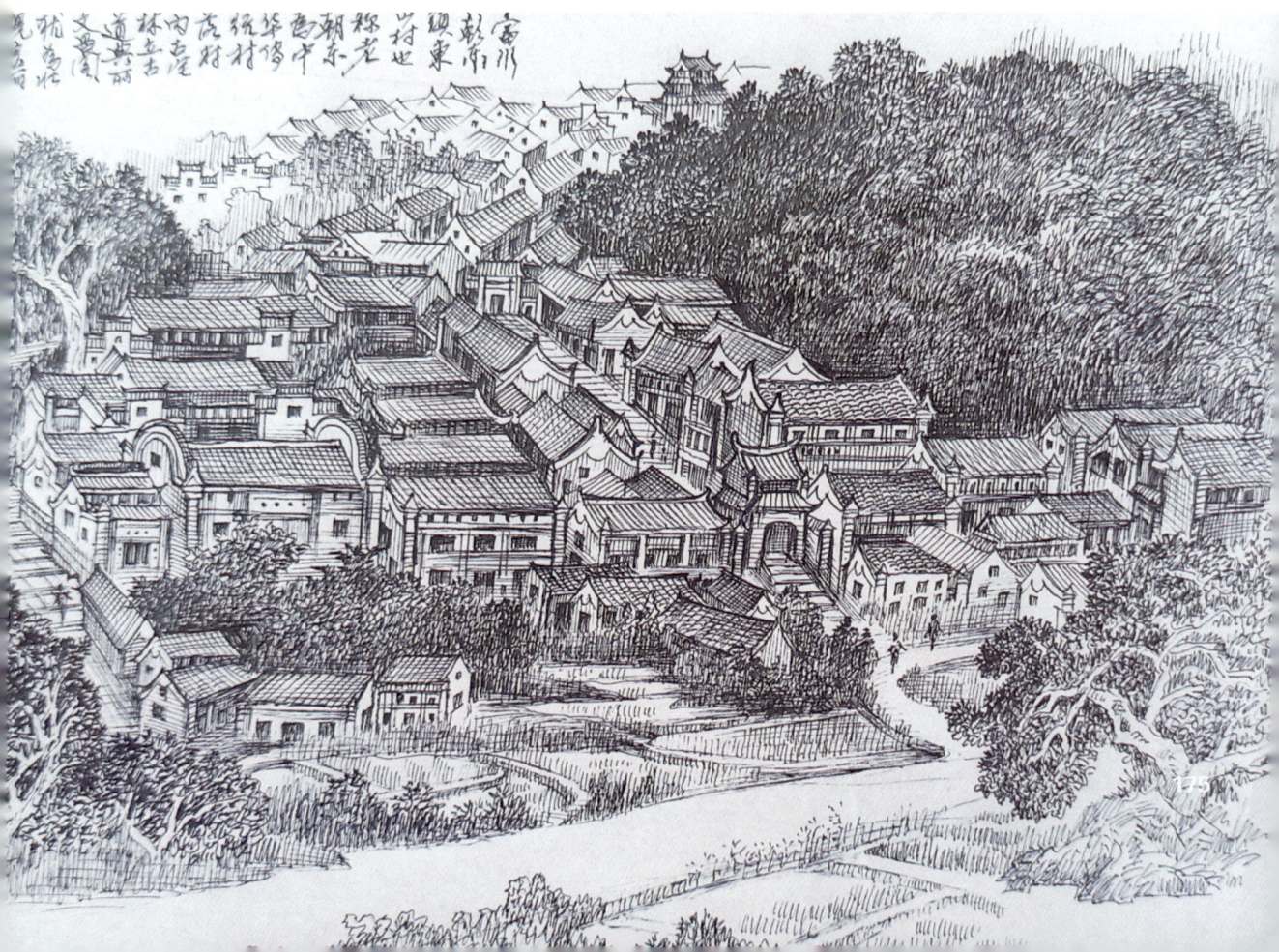

▲ 东山民居特色（罗晓玲／摄）

一、地理位置

东山原名朝东，取"永朝东水，不忘根本"之意。自明正德年间（1518）从东水迁址东山开始立寨。朝东古村地处朝东镇政府东南侧，潇贺古道和旧富朝公路沿村而过，古村以何姓为主，有蒋、林、杨等姓氏聚居落，现有人口1100多人。

二、历史沿革

富川何氏是最早进入富川的名门望族，先祖为周朝王族，姬姓。后分封到韩国，改为韩姓，秦灭六国后，为避秦祸改为何姓。

朝东何氏的始祖是来自山东青齐的初唐俊杰何英公，公元722年，何英公在平定岭南叛乱中因平虏有功，被敕封为镇南将军、广州刺史，坐镇广州，经略岭南。英公致仕归齐后，其子二世祖冕公以父勋从青齐远调岭南为贺州太守，冕公致仕后定居于富邑铁炉湾，死后葬燕子归巢，子孙永远留在了岭南。

冕公之子三世祖镗公，天资明敏，仕为府通判。何镗育四子，曰文、行、忠、信，后分别散居于"富川四东"，即东水村、东山村、东庄村、东泽村（今古城镇塘贝村），成为四大村落的再迁始祖。四世祖文公提点江淮湖北铁冶，赐绯鱼袋；行公为评事；忠公为推府；信公为府知事；由是以降，代代科举入仕，蔚然成风。仅在明清两代，东山村有史可查的，就有二十位士子中了举人进士。富川何氏家族经过1300多年的繁衍，已发展成为族裔遍布湘桂两省区八个县（区）80多个村寨数万人的望族。

三、村落布局

（一）外部环境

在村南面，一座钟灵毓秀的石山名秀山，形状犹如老牛推着磨石在行走，环抱着村庄；磨为东山村里的秀山，文魁楼、文昌楼是它的牛角。山形高出于村落数十米，青翠碧绿，与古朴的民居互相掩映，景色十分秀丽宜人。

（二）内部格局

东山村东、北、西三面，所有的房子都首尾相望、左右相连。

古时，村中商铺店堂林立，网罗南北商旅骚客，广聚天下水陆财货，因而名震湘桂、富甲一方。

村里古建筑众多，皆为徽派建筑特色。村内建有门楼、宗祠、文昌阁等公共设施。古民居自明清时期就建造三层砖木结构的青砖瓦房，门当户对柱础石鼓石雕雕十分讲究；各家各户都按楼、馆、堂、所设计兴建，其建筑风格独特，具有较高的历史、艺术价值。

四、经典建筑

世族门楼

世族门楼，从结构上看，亦是品字门楼，也叫八字门楼，其正门与左右两侧墙构成"品"字状。"世族"牌匾于清乾隆戊戌年间（1728）赐赠。

"八字门楼"在明朝非官宦之家不能建造。能建者，必须具备以下三个条件：一是朝廷要员，官至三品以上；二是效忠朝廷，功勋卓著；三是必须得到皇上恩准、赏赐。东山村在明清两朝，科举入仕、有名有姓者就多达16人，人才辈出，仕宦成风。

文昌阁

始建于明代，重建于清乾隆十三年（1748）的东山村文昌阁，是潇贺古道上最著名的文昌阁。为三层阁楼式砖木建筑，地层三面砖墙，整个建筑高大雄伟。正门由六扇雕花大门组成，左墙内刻有秀山堂族碑刻，重建文昌阁碑刻；二层内奉文昌帝君。四周木格花窗，周边墙上绘有花鸟鱼虫和古代历史人物故事；三层四周镶有精美的木格花窗。楼顶的山脊正梁上，还塑有鲤鱼、葫芦等祥瑞之物，寓意金榜高中、福禄绵长的美好祝愿。

东山石城

位于东山村的秀山山顶，围墙和山门用青石铺底，用红砖砌墙，围墙达三米多高，整个城址分布面积达5000多平方米，与山下的房舍相望相连，形成一个坚实封闭的整体。在古代，这里是扼守湘桂的咽喉要塞，也是抵御匪患的重要的军事设施。是潇贺古道上城堡关隘的重要遗存。

五、古村历史文化

名人轶事

富川四东历代注重经世治学，崇文重教，读书明理，传承文墨，他们兴办的东水书房、豪山书房、塘贝山寨书房都是富川较早的学堂。而且学子勤奋，人才辈出，流传着父子登科、兄弟进士的佳话。

父子进士——何启任、何绍东

"父子登科"是说东山村的何启任和何绍东父子。

清代广西贺州最早的进士是东山村何启任、何绍东父子，分别于雍正四年、乾隆七年壬戌科（1742）中进士，父子登科，传为佳话，被广西学政赠予"世族"的家族荣誉。

何启任，清雍正四年（1726）进士，授四川省内江知县。但何启任仅见于族谱和富川县志。

何绍东，乾隆七年壬戌科（1742）中进士授翰林院庶士。见于《清实录乾隆朝实录》卷之一百六十六："内阁、翰林院、带领新进士引见。得旨。一甲进士金甡、杨述曾、汤大绅、均已经授职……何绍东。"《清实录乾隆朝实录》记载他是二甲第52名。广西通志也有记载。

▼ 文昌阁（伍锦辉／摄）

▲ 东山村前景（周海林／摄）

兄弟进士何廷相、何廷枢

明代，富川县何冕后裔朝东镇豪山村（与东山同支）兄弟何廷相、何廷枢分别于万历三十五年、万历四十四年中进士，开创了何氏家族兄弟进士的科举先河。何廷相，明万历四年（1576）丙子生，万历二十五年（1597）丁酉科举人，明万历三十五年（1607）丁未科黄士俊榜二甲第51名进士，万历三十五年丁未黄士俊榜。

何廷相，后授北京户部主事，累升员外郎中、浙江温州府、河北保定府、广东韶州府、卫辉府同知，衡州府知府、两淮盐运使（从三品），户部郎中等职务。浙江省"温州府"乐清县人物一节记载："陈一球（1601—1654），9岁通晓经籍，14岁（1615）入邑庠，以博学为知府何廷相、督学周耀光所赞赏。"由此可见何廷相万历四十三年为温州府知府，其他时间无考。何廷相为官多有惠政，存诗《同窗有会》《游韵州南华寺》传世。

何廷枢，何廷相之弟。字运之，号环应，生于明万历十九年（1591）。万历四十三（1615）乙卯科举人，万历四十四年（1616）丙辰科第200名进士（万历四十四年丙辰科钱士升榜）。

中进士后初任职于直隶真定府临城县，后又改任该府柏乡县知县。后因政绩突出，于明崇祯元年戊辰岁（1628）3月擢任陕西道监察御史。他提倡廉政，兴农兴商，减轻民众的赋税，促成了陕西道诸州县的发展。他曾赴山东沿海一带抗击倭寇，差点为国捐躯。他敢直谏，弹劾贪墨的官吏，受到万历、崇祯帝的器重，被崇祯帝授予"代天巡狩八省巡按"之职，巡按直隶应天、山东、河南、潼关等地，考核吏治，除贪官平冤案救民众，事迹可歌可泣，被一些史书录存。何廷枢历经明末万历、天启和崇祯三个政治环境复杂的朝代，仕途充满了艰险，历官忠宪大夫，太仆寺卿兼陕西道监察御史，南京御史。

东山，用尘封五百年的光阴等你来

罗晓玲

在朝东镇境内，静静地伫立着一个古村落，它已经再不繁华，也再不喧嚣，只是小心翼翼地窖藏着几百年的历史，在尘世一隅，散发着独特的幽香。这个村叫东山村。

东山村亦是潇贺古道上的一个古村落，位于朝东镇的东南部，村中依然保存着一段古道遗迹。从岔山村延绵而来的古道，经秀水，往南，便到了东山，再从东山，延绵到更远的村庄。曾经喧嚣的古道街市已经在历史的风烟里渐渐隐默，只有被光阴磨平的青石板、斑驳古墙与丛生的荒草，留下沧桑的记忆，在古道边越积越厚。

东山村也就是旧时的朝东村，亦称老朝东，明正德十三年戊寅（1518），富川何氏第二十世子孙何宗显、何宗荣、何宗茂兄弟三人迁居于此，繁衍生息，至今已有五百年之久。

从村口的门楼入村，抬眼就能看到"世族"两个大字刻在门楼上。一股显赫的富贵气场扑面而来。世族，即世代做官的家族。听村民介绍说，居住东山的何氏族人常年秉承"耕读为本，忠厚传家"的祖训，他们世代安居乐业，勤奋耕读，自建村以来，村中共出了3名进士，17名举人，清乾隆三成戊午（1728），东山村被广西学政赠予"世族"的家族荣誉。东山村与秀水村的读书风气是其实一脉相承的，两个村落同在潇贺古道上，相距不远，中原文化传入的时候，它们前后相承又互相影响，古道为它们的历史脉络注入了共同的血液。

主街巷道纵贯全村，即原来的老朝东街。现在，依然能从遗留的建筑中分辨出商铺的旧貌。

在主巷中，又分出若干条支巷，整个村庄布局纵横交错，四通八达。村口到村尾共四座门楼，房屋结构格局多为传统的"三开两进"格局。不同的是，东山村的古建筑多为三层砖木结构，且连片修建，相比潇贺古道上的其他村落建筑，在规模与气势上都更胜一筹。村中建筑形态各异，有三开两进式结构，有层递式拱门结构、有西欧风格，也有临街店铺敞开经营式风格。

建筑中的青砖灰瓦、红墙飞檐、转阁亭榭，于斑驳古旧中流露出的繁华与精致，像古村本身的沧桑，无法掩盖。而这些丰盈的细节告诉我们，从明到清的那段历史岁月中，东山村不乏杰出的文人学士，不乏显赫达官贵族，亦不乏触手可及的民俗世情。这是一个饱经沧桑，却在尘封中渐渐沉寂下来的村庄。

村中最引人注目的建筑，当属文昌阁。这座飞檐翘角的三层阁楼式砖木建筑，重建于清乾隆三十六年（1771），整个建筑高9.3米，造型优美，结构精巧，至今仍保留完好。地层三面砖墙，正门由六扇的雕花大门组成。进深6米，宽约4.9米，左墙内刻有秀山堂族碑刻，重建文昌阁碑刻；二层深4.5米，宽4米，内奉文昌帝君，四周木格花窗，周边墙上给有花鸟虫鱼，古代历史人物故事墨画；三层进深3.5米，宽3米，四周镶有精美的木格花窗。登楼四眺，远近街景，可尽收眼底。

文昌阁也是聚贤纳士的好地方，历代文人学士常聚会于此，谈神儒释道，论四书五经、吟唐诗宋词，商天下国事，以文会友之风甚是浓郁。正如五百年后的我们，一群文友相约造访，立在文昌阁前，用探寻的目光追随先贤们的足迹，与他们交谈，纵然隔着几百年的光阴，也有着近在咫尺的亲切。

整个村环秀山村而建。村中矗立着一座葳蕤的秀山，之中林木繁密高大，走在秀山之下，满目蓊郁葱茏，满耳尽是欢悦的鸟鸣。驻足山前，享受着大片绿荫所布施的清凉，吹着山林里吹来的风，说不出的惬意。

顺着村民的指引，我们隐隐看到了秀山顶上的围墙。村民说，在东侧秀山上有一座石城，山四周都砌有角石，大小不一。外边平整，石墙上砌青砖，整个城址分布面积达5000多平方米。秀山石城遗址古时处于交通要道口，是重要的军事设施，也是研究富川古代瑶史、军事战争史、瑶民自卫史等方面的重要史料，具有较高的历史学术价值。村民说，抗日战争时期，有村民曾在危机之时，上山躲进这道防御工事里，才避过了日军的杀戮。而今天下太平，没有战争，这座石城也就闲置在山中，无人看管。但秀山，依然成为东山村人百年不变的风水靠山，一年一年地繁茂，一年年地守护着这方水土。

岁月的脚步踏过五百年，无形，却有痕。东山，这个朴素幽静的古老村庄，在尘世一角守着一份清寂，守着旧时的一砖一瓦，等你到来，给你慢慢叙说它的古朴宁静，它的沧桑持重，以及它从容的静寂。

▲ 东山石板街（罗晓玲／摄）

古村技艺觅乡愁

——第六批中国传统村落下坝山村

◀ 传统技艺编斗笠（莫照萍／摄）

古村推介词 gucun tuijieci

下坝山村推介词

乡愁是什么？余光中说，乡愁是一枚小小的邮票，一张窄窄的船票；席慕蓉说，乡愁是一棵没有年轮的树，永不老去。

对于思乡的游子来说，故乡之景，都是乡愁；故乡之声，皆为乡音；故乡之情，全是思念。

走进下坝山，坝头庙、坝犀亭和坝下那不息流淌的溪流，是乡愁；石子街，古水井、老祠堂和那百年伫立的黎家大院，是乡愁；还有那传承了数代人的竹编雨帽，也是乡愁。

乡愁，就是一首写不完的诗，藏在每个人的心间。

▼ 特色民居（黎家志／摄）

古村文档 gucun wendang

▲ 古村风貌

一、地理位置

下坝山村是第六批中国传统村落、自治区级传统文化村落，坐落在富川瑶族自治县莲山镇东北部，距莲山镇政府1公里，距富川县城13公里，距洛湛铁路火车站2公里，交通便利。

二、历史沿革

下坝山村黎、麦、陈、莫、黄5姓氏。村子生活着1337人，302户人家。

麦、黎、陈、莫、黄5姓氏先祖分别在明、清时期入此地居住繁衍生息，黎姓家谱记载，黎姓先祖永祥公于清乾隆六年迁入下坝山定居，目前已繁衍至第十二代。居住最早的麦姓，大概是明朝中期来定居的。

三、村落布局

下坝山村三面环山，地处南偏东，前堂开阔，在中国古代的方位叫作巽位。村庄北高南低，大山肚（后龙山）、平头山、高岭头山脉形如U字形地势。U字形口朝东南，有利于接受来自南方的暖气流，U字形的环形在北，有利于抵御来自北方的寒流，在这样的环境中很有利于人类生产生活。先祖们独具慧眼，看出此地的宝贵，称此地为"犀牛地"，预测后人成才，出秀才、学霸。

村庄前面是一条"旧冯乘千家井"流出的泉水河，形成了九个湾，所以称九龙河。河的一处有自然形成的整块生根石"堤壩"，称之上壩头。村落立在坝下面的大山脚，所以取村名为下壩山。

下坝山明朝时期立寨，距旧冯乘县城2公里，是潇贺古道东线（商道）上的一个古村落。古道在推动商贸发展的同时，也带动了信息交流，开阔下坝山村村民的视野，增长村民的见识。村民外出求学、入仕、经商，拓宽了他们成才、创业的机会。

下坝山村有一庙，名为坝头庙，建在村子的东面，四周围是田，有回澜路通向庙，庙的东面有一个凉亭，美曰其名坝犀亭。

下坝山、坝头庙、坝犀亭，每个词里都有一个"坝"字，可见山村人民对"坝"字的喜爱。

四、重点建筑

黎家大院

黎家大院是当地乡绅大户人家的乡土建筑。始建于清朝中末期，整组建筑坐西朝东，为砖木结构，硬山顶飞角龙头，外墙有1.92米高的大石条接磨制平整的青砖砌筑，灰黑色布瓦盖顶。其建筑面积达472、5平方米。总体布局完整，屋内多是木质结构雕刻花鸟、福禄等镂空，浮雕图案的门、窗隔墙。整座大屋原有48樘门，上下两屋，木制阁楼，两天井均为打制长石板，正厅木门为8开雕花大门。是研究清末富川大户建筑的实物资料，具有较高个古建艺术价值。2010年列为县级文物点。

清代建的具有特色的石墙大屋共有11间。

石板桥：始建明代，长15.6米，宽1.5米，共三跨，每跨由双块40厘米厚的石板铺架，每跨长为5.2米。桥墩由青石叠砌。迎水面为箭头状，出水高度2.6米。

古井：明代古井3个，古井用青石块砌建。

民国学堂：学堂始建于民国时期，典型的民国建筑，属二层二进三厢格局，第一进的两边设厢房（教师办公用房），第一进与第二进之间设天井和长廊，第二进开分三个小教室。此学堂由村民捐资筹建，保存有黎裕馀（广西省立第一师范毕业）作序的石碑刻。

坝头庙：始建于清代年间，属二进殿结构，第一进与第二进之间设天井和长廊。主殿供奉刘神娘娘。

五、历史文化

心灵手巧的下坝山人还会用竹子编织美丽的帽子，美曰其名"织雨帽"。我们去的时候刚好碰到麦伯伯的舅舅（92岁高龄，麦伯伯的母亲是本村的）正在编织"雨帽"。如今的"雨帽"是经过改良。刚开始的"雨帽"类似于古装片里大侠们戴的帽子，有圆圆的帽顶，宽大的帽檐，挡雨是挡雨，可是太过于笨重，后面，聪明的下坝山人把湖南人的特色学了过来，从帽子到帽檐部分斜线下来，帽子尖尖，上面用油纸封好，用竹条固定，中间是防雨的棕叶，里面也是用竹条固定，既美观大方又实用，受到了当地人的喜欢，也为下坝山增加了不少的收入，直到现在依然有他的市场。以前下坝山人几乎每家每户人都会织，如今年长的人会织，年轻人会的就少了。

身边的非遗
——下坝山"雨帽"

莫照萍

　　如果在下坝山做一次直播，那么"霸屏"的情景应该有三"ba"。

　　一是水坝的坝，下坝山、坝头庙、坝犀亭，与古村相伴相随，从莲山至新华的水泥路左手边的水泥路进入村子，首先映入眼帘的一个大门，上面写着三个大字"下坝山"，从这里走进入，下坝山就坐落于此，一条小河缓缓从村子的前面流淌，沿着小河，沿着村道走，村子的东面是绿油油的田野，坝头庙、坝犀亭就坐落于此。

　　二是学霸，古村以耕读传家，读书修福立世，小小村落出过50多个教师，新中国成立后，大学生层出不穷。有考取清华大学的麦荣幸，北京邮电大学的麦真，北京石油大学的莫天鹏，大连理工大学的莫天超，青岛科技大学的莫春航，苏州大学的莫天含，桂林理工大学的莫杰，杭州大学的莫旋，同济大学的麦钦，麦钦现任广西资源县县委书记，广西大学的麦浩、陈建乾、麦家峰、麦家兴，西安科技大学的黎屹洋，郑州大学的陈建峰，武汉科技大学的陈建堂，南京河海大学的麦家耀，还出了一个富川文科状元女孩麦良，人才济济，数不胜数。而且这些大学生大多数是在下坝山读的小学一二年级，莲山镇读的莲山初中，富阳镇读的富川高中，从自己的小山村一步一步读书走出大山的。

　　麦良是麦廷欢伯伯最小的女儿，高中就读于我们县里的富川高中，是富川高中2007年的文科第一名，厦门大学毕业。小时候，麦伯伯带麦良去我家玩，喝油茶，那时麦良还小，读小学，绑两个小辫子，额头宽阔，脸大大的，眼睛圆溜溜，她伸手抓桌上的饼干吃，麦伯伯慌忙叫她不要吃那么多，说如果在家的话，她母亲是不允许吃的，怕热气，吃了容易喉咙痛。有一次，有点饼干屑掉到了桌子底下，麦良笑着指着麦伯伯说："我们在家都叫爸爸'垃圾桶'，因为地上掉有饭菜爸爸还会捡起来吃。"我们顿时笑得前

▲ 坝头庙（莫照萍／摄）

俯后仰，麦伯伯也大笑。就是这样一个有着勤俭持家优良作风的家庭为国家培养了人才。

三是"笠霸"，下坝山人编的斗笠曾霸占过整个富川市场。

下坝山，是一个在富川，乃至在整个桂北湘南一带，都鼎鼎有名的"雨帽村"（人们习惯把竹编斗笠称为雨帽）。考察完古村风貌，我们特意要考察一下下坝山村的竹编雨帽技艺。

陪同考察的麦家来村支书主任一听说要看竹编工艺就来了精神，他如数家珍般滔滔不绝地告诉我们：

竹编雨帽，是下坝山人的传统手工技艺，数百年间代代相传。改革开放前，村里大多数人都会做传统竹编斗笠，使下坝山村成为远近闻名的"雨帽村"。

竹编雨帽，需要砍竹、剖竹、细篾、编织、剪帽沿、绞帽沿、垫防水纸和放棕叶、刷油漆、晒帽等20多道工序，每道工序都不能马虎，更不能偷工减料。从古至今，下坝山村的村民们一直秉承着质量为本的祖训，做出一顶顶做工精细，美观耐用的雨帽，深受老百姓欢迎，产品迎销往全县乡村。

最初是从家庭作坊的自产自销开始的。人民公社的时候，也曾由生产队集体统一经营雨帽生产。20世纪50年代初至80年代末，是竹织雨帽外销的鼎盛时期。承载过几代人生活痕迹的竹织雨帽技艺，承担过养活一村人的重任，这是现在的年轻人无法想象的事情。

后来，随着时代的发展，机械化农业逐渐盛行，加之新型雨具纷纷出现，竹编雨帽的市场需求也渐渐减少。如今，市场上买的人也不多。

年轻人都出去打工了。做雨帽工序多，挣钱又少，都不愿意学了。麦主任说，他最担心这门手艺和老人们一起"老"去，最终失传。

　　说话间，我们来到了黎恩陆爷爷家里，看他编斗笠。

　　黎爷爷今年94岁了，看上去还身子硬朗，精神矍铄。他听说我们是来看他编斗笠的，满脸皱纹顿时微微舒展。

　　他说他记事以来，就知道全村老少都是靠制作竹织雨帽为生。自六七岁起，在父亲的言传身教下，便开始学习竹织雨帽的技艺。他说："我们六七个兄弟姐妹都会这门手艺，年纪最大的负责卖帽子，而我负责将原料带回家来，其他人个个都参加编织。"

　　麦爷爷开始演示编雨帽的工艺流程：只见一根根毛竹被对半剖开，随后继续细剖成一条条狭长的竹篾。之后，老人利用木头做的笠胎模型开始编织雨帽。

　　用竹篾编织雨帽的过程类似于织布，也是经纬交织原理。老人从雨帽的顶部开始，向多个不同方向交错编织。随着一双布满老人斑的巧手的梳理和拨弄，篾片在粗糙的指间化成"绕指柔"，雨帽半成品逐渐展现。一顶精巧的雨帽分为三层，上下两层是竹篾编成的帽壳，中间层，则是垫上棕叶、夹上防水纸防雨遮阳。

　　老人断断续续地说：如今的"雨帽"是经过改良。刚开始的"雨帽"类似于古装片里大侠们戴的帽子，有圆圆的帽顶，宽大的帽檐，挡雨是挡雨，可是太过于笨重。后面，聪明的下坝山人把湖南帽的工艺学了过来。从帽子到帽檐部分斜线下来，帽子尖尖，上面用油纸封好，用竹条固定，中间是防雨的棕叶和油光纸，里面也是用竹条固定，然后扫一层光油，晾干，既好看又实用。

　　陪同考察的麦主任告诉我们：如今，随着市场上丰富多样的替代品出现，村中仅剩十几户人家仍在编织竹制品，而且掌握竹编制作技艺的传承人大部分年事已高，能够独立完成竹制品编织的年轻人也越来越少。如果再不传承竹织雨帽的手艺，以后就没人知道怎么做了。

　　其实，竹编雨帽现在还有市场。除一部分农民仍然使用外，竹制斗笠文创产品方兴未艾。一些餐厅、民宿、农家乐用竹制雨帽做装饰，斗笠墙饰、斗笠画、斗笠灯罩、斗笠舞蹈道具等等。村里正在研究，如何结合乡村振兴恢复做好竹编产业。发动村里的年轻人利用空余时间，跟在老辈后面学习雨帽技艺；同时，帮助村民联系商家，打开雨帽销路。鼓励村民技术创新，编出圆顶、方顶、鸭舌帽状等更多新款雨帽，使其成为特色旅游产品。借助电商平台，让雨帽村的产品走得更远。

　　临走的时候，老人给我们每人送了一顶雨帽。

　　拿着这顶凝聚了老人一生情感的雨帽，心里感到沉甸甸的。我默默地注视着老人，只见长短不一的竹篾在老人们手里来回穿梭，阳光暖暖地从天井斜射进来，一张皱纹深布的黝黑的脸上刻着坚毅、沧桑和满满幸福感。

　　我心里涌上一股崇敬的暖流，鼻子有点发酸，喉咙有点哽咽。

　　嗯，也许，这就是乡愁。

古道集市「宝街圩」

——第六批中国传统村落和睦村

古村推介词 gucun tuijieci

宝剑村推介词

很久很久以前，这里就是桂湘边界久负盛名的古街圩了，叫"宝街圩"。那时没有麦岭街，麦岭只是宝街圩旁边一片杂草丛生、野麦疯长的荒坡土岭。

明末清初，朝廷把麦岭八都分成宝剑、黄石、涌泉、牛岩、石密、秀山等六寨。宝剑寨为八都六寨之首，是当地官府的所在地。桂湘边界近百个村庄都来这里赶闹子和办公事，宝剑寨便成了潇贺古道入桂"第一圩"，人们称之为"宝街圩"。

古村文档 gucun wendang

▲ 宝剑石城（唐春林／摄）

一、地理位置

和睦村，民间一直称之为宝剑村。距麦岭镇1公里，到县城25公里，村西有538国道和永贺高速出口，交通便利。

二、历史沿革

宝剑村（又称宝剑寨），明洪武二十四年（1391），建村立寨，有631年历史。有何、程、刘、义四姓，逐步从湖南、山东、江苏、河南陆续迁往此地；四姓和睦相处，生产生活上互帮互助，繁衍生息，共建家园，形成了古麦岭八都六寨中的一个名寨。宝剑寨地理位置相当特殊，是古代战略上的一个要塞，历朝历代在这里都曾时有兵戈相见，刀光剑影。被列入第六批中国传统村，第四批自治区传统村落。现有人口1280人，土地面积6420亩，山场林地4500亩。

三、村落布局

古宝剑村，整个村子坐南朝北，背靠青山，村前一条河流如玉带般，而且古道穿村而过，绿树成荫，风景优美。坐南朝北，依山傍水，风景宜人。东达鬼子山、西连麦岭镇、南靠湖南3公里、北至富川县25公里，区位优势明显。现存明清徽派建筑多达140多幢建筑，有75％保存完好，设计风格独特，总占地面积200多万平方米。潇贺古道穿村而过，村不远处有鸬鹚塘风雨桥。

四、重点建筑

市心堂

市心堂始建于明朝。坐落于村西头主街道旁，占地面积大约80平方米，单层建筑。堂内前梁悬挂有"市心堂"匾额。堂前壁有麒麟壁画，栩栩如生。据说当时，村里常聘请一位德高望重，知书达礼的能人，不定时给村里的年轻人授学：为人处事、德孝仁义等儒家思想。

怀古宝街圩

首得龙

很久很久以前，这里就是桂湘边界久负盛名的古街圩了，叫"宝街圩"。那时没有麦岭街，麦岭只是宝街圩旁边一片杂草丛生、野麦疯长的土岭荒坡。

那时，这片区域属于冯乘县，宋开宝四年（971）后属富川县；元末明初属油塘乡八都；明末清初，朝廷把麦岭八都分成宝剑、黄石、涌泉、牛岩、石密、秀山等六寨。宝剑寨为八都六寨之首，是当地官府的所在地。八都六寨近百个村庄都来这里赶闹子和办公事，宝剑寨便成了潇贺古道入桂"第一圩"，人们把它称之为"宝街圩"。

历史上的宝剑寨是一个城堡形村落，整个寨子坐北朝南，背靠青山，山石高耸，怪石嶙峋，苍松翠柏，古木参天，像一道天然的屏障；村前一条河流环绕，常年绿水汤汤，好似一条护城河。

形成了进可攻退可守的军事要塞和"兵家卡口"。现在宝剑山上顶仍然保留着一段蜿蜒曲折的古城墙，墙体用石块垒成，长600多米，宽2.5米，高5米，大有"一夫当关，万夫莫开"之势。

民居皆依山而建，鳞次栉比，层层叠叠。一条三镶石板路横贯全村，沿街的住户都自然把房屋建成了铺面，形成了一条古街圩。

"宝街圩"曾经风光红火了数百年。直到清雍正八年（1730），云贵、广西两省总督的鄂尔泰，在麦岭街大兴土木，创建了平乐府知署衙、麦岭营守备（后改为都司）署衙、千总署衙，把麦岭营升格为麦岭府。麦岭府成为了帝国经略南岭、控制薄弱区、维持潇贺古道南北交通动脉的前哨。桂湘边界的政治、经济、文化中心便随之移到了麦岭府。宝剑街逐渐退出历史舞台。

漫步宝街圩，历史风云变幻的踪影仿佛印证了朝代的变迁，曾经的辉煌与喧闹都被时光所沉淀，祖辈的荣耀都淡漠在风尘，城堡除了些许残垣，都已灰灰湮灭，那繁华的街市，再无踪影。

▲ 和睦村航拍（富川县住建局／供图）

古街悠悠岁月深，青石老街印旧痕。走在幽深的街道上，读着青青的石板垒起的故事，看流年似水匆匆而过，感觉每一座门楼都凝固着一段历史，每一个街巷都记录着一段故事，每一块石板上都写满了曾经。

宝街圩已经永远成为了历史，只存在人们的记忆中……

高桥，永安

——第六批中国传统村落高桥村

（龙琦东／摄）

高桥村推介词

古村推介词 *gucun tuijieci*

一座600年前的村庄叫高桥，一座300年前的廊桥也叫高桥，是村因桥而名，还是桥因村而古？高桥村，史称永安村。经历了数百载风雨雷电，岁月沧桑，依然安好。穿行在古村，看风姿绰约的古村丽影，清爽温馨的民居家园；闻厚重幽深的巷口微风，栖息原野的虫鸟蛙鸣，宛若人间仙境。

高桥，永安！

▼ 高桥手绘图（周海林／绘）

▲ 伟岸高桥（富川传媒图片）

一、地理位置

高桥村，位于麦岭镇政府东北面4公里，距离县城33公里，邻近湖南边界6公里。

二、历史沿革

高桥村（史称永安村），从元末明初建村至今有600多年历史。明弘年间，首义两姓祖先先后在此建村立寨，由湖南郴州和江永千家洞迁移而来，由于永安桥桥高的原因而得此名高桥村。新中国成立后，因龟石水库的修建，又从富阳古城乡沙坝洲迁居罗、莫两姓人家，全村四姓和睦相处。现有95户人家，总人口500多人。

据谱记，首氏始祖首尊成元末进士职授总理朝政，评事理事官之职。因元朝国脉衰微避乱，迹先于永明黄甲岭首庄，改孟姓首。迁隐才富塘，再移居高桥。高桥村在古麦岭颇有声名。被列入第六批中国传统村落，第四批广西传统古村落。

三、村落布局

高桥村，是富川原始生态建筑文化保存较为完整的古村落之一。建在虎坵龙脉上，属于坡地特色村落，村场占地面积10多万平方米。村落座南朝北，自然风光秀丽。背靠古树参天的风景林，村前有大片的肥沃农田，四季景色变幻。坐南朝北，依坡而建。

现保存完好的古民居有76座，属明清时期的建筑风格。民居都按一正两厢房布局，三合院形制，均砌女儿墙，宅院排列规整一脉相承。在地势的利导下有自然的排水功能，每条巷子前都建一座门楼，主街道上面属住宅房街下面都有辅房。

穿行在古村，看风姿绰约的古村丽影，清爽温馨的民居家园；闻厚重幽深的巷口微风，栖息原野的虫鸟蛙鸣，宛若人间仙境。

四、重点建筑

风雨桥

有古道临村而过，村边古道上有一座高桥风雨桥造型奇特桥壮观。古桥古时称永安风雨桥，现定名高桥风雨桥。

始建于清雍正十一年（1733）。是富川瑶族风雨桥群之一，跨度约18米，桥高7米，保存完整。建造工艺独特，用瓦、砖、木结构，桥肩大梁三层叠成。梁肩大木全用楠木，桥貌绝美，工艺精湛，在建筑学上有着深远的影响，也是建筑艺术中的瑰宝，于2013年列入全国重点文物保护单位。

三姑庙

古文言记载：因当年自然灾害过于频繁，民不聊生，人们渴求生存，摆脱饥荒人祸的苦海，祈求风调雨顺，过上平安的生活，而兴建该庙宇。

传说：三姑指大姐叫麻姑，二姐叫圣姑，三姐叫妃姑，三姐妹都是海龙王之女，海龙王头上有三颗宝珠是三个女儿的化身。当时在富川石家、麦岭一代的七都八都黎民百姓，为避免灾难，常烧高香纸币，跪拜祈求天老爷开恩降雨驱除魔，而感动天神。于是天王派海龙王去了解人间疾苦，三个女儿知道后，向父亲提出要去拯救民生的要求。父亲答应后，三个女儿于是降临凡间，一同许诺不出嫁。她们聪慧伶俐，能歌善舞，自创词曲，后来广为传唱，这就是当地有名的"八都歌"（现称溜喉歌）。她们心地善良，乐善好施，当看到凡间疾苦后，三姐妹决定分居三地为百姓分忧解难。于是有了大女下凡到石家乡横塘屋；二姐下凡到了大坝村；三女下凡到了麦岭的高桥村。从那以后当地百姓的生活吉祥如意。为了感恩三位圣女。三地同时兴建庙宇以便祭拜。

但在"文革"期间惨遭破坏留下遗址，于2016年春，高桥村民协商决定在原址重修三姑庙，第二年（2017.2.6）竣工。

五、历史文化

高桥古村有着深厚的传统文化底蕴。村上有一个传统的戏班子，既唱彩调又唱桂剧。是富川最早的戏班子之一。

彩调，俗称调子。传说瑶人从千家峒逃出来后，四处流浪，常唱着"莲花闹"沿路讨乞，后来为了讨到更多的东西，就编些别人喜欢的故事，用"莲花闹"曲牌唱出，这种演唱形式就是最初的调子。调子主要流行在平地瑶居住的七都、八都、九都地区。当地人称之为"唱调"。

据《富川戏剧志》记载，早在新中国成立前一百年，麦岭高桥和葛坡深坡等地就兴办过业余调子班。

高桥兰岗山抗日保卫战纪实

首得龙

　　笔者是土生土长的高桥人，在这座600多年的古村里生活了60多年，对家乡有着偏执的热爱。高桥是我家，高桥的山山水水，一草一木，与我有着天然血缘的联系和亲近，使我无法不关注它、不留恋它。高桥发生的大情小事，每天的变化成长，我都一直留心留意，虽然我的留心关注，改变不了家乡的四季更迭和阴晴冷暖，但留心是必然的，关注是由衷的。因为，我是高桥人。

　　也许，正因为对家乡的热爱，使我从年轻的时候就喜欢拿起笔记录家乡的美景，也时不时把一些不成熟的稿件投给县文化馆办的刊物《富江文艺》。当时的编辑们对农民作者很重视，当时的编辑，后来成为广西知名作家的何建强、白光强、裴志勇、唐玉文等老师给了我很多指导和帮助，把我逐渐培养成为当地小有名气的业余作者。从那时开始，我就立足古村，把家乡的点滴事迹用笔传递给外界。

　　高桥村民兰岗山抗日保卫战，是我一直魂牵梦萦想写出来的故事。为此，我查阅了富川县志、富川党史等许多资料。采访了当时还健在的亲历者义保全（受访时58岁，当年战斗参与者）、义天旺（受访时56岁，战斗参与者）、首盛容（受访时59岁，战斗参与者）、义克礼（受访时54岁，当年战斗知情者），根据资料和亲历者的口述，我在1985年抗日战争胜利40周年的时候就整理出来了这篇《高桥村民兰岗山抗日保卫战纪实》。但由于种种原因，一直没有发表。正好这次富川出版《富川传统村落镜像》一书。图书的总编撰何建强先生鼓励我把稿子拿出来，收录进高桥古村记事。不胜荣幸。以下是纪实全文：

　　自古以来，富川麦岭就是中原进入岭南的边关要塞。原先叫宝剑寨、麦岭营，邻近有鲤鱼营、岩口营、葛母营等，历代驻兵。

　　麦岭一带的边民因所处环境的需要，也多有习武，民风坚韧、剽悍。在与封建统治阶级的斗争中，不堪忍受反动阶级的统治和压迫，以反抗封建王朝暴政为目的的武装斗争，历代时有发生，不少农民起义都在麦岭附近与封建王朝发生过激战。为加强边境防务和镇压边民，清雍正八年（1730），云

贵、广西两省总督的鄂尔泰，上疏给雍正帝在麦岭设同知职司都府，添设守备、千总、营汛，重兵驻守。雍正帝批准了鄂尔泰的建议，在麦岭街大兴土木，创建了平乐府知署衙、麦岭营守备（后改为都司）署衙、千总署衙，麦岭营升格为麦岭府，成为清廷扼守潇贺古道岭南入口的军事要塞和重镇。

话说1944年6月，日军为了打通南宁、广州到越南、缅甸的大陆交通线，集中主力南下。富川抗日指挥部立即委派中队长陀国隆率县自卫大队一中队驻守麦岭，严防从湖南永明（今江永）进犯之日军。

9月23日（农历八月初七日），陀国隆和麦岭乡长程林森，趁麦岭圩日召开军民动员大会，号召人民团结起来，共同抗敌。下午当日军进入我防区时，自卫队立即开枪射击，打响了广西桂东抗战的第一枪。9月24日，陀国隆分发完从桂林领取回的枪支弹药，随即召开作战会议，并制定了作战计划和兵力部署。陀国隆亲率第一分队第一班抢占南瓜山，直扑麦岭东侧。兵分三路，互相策应，包抄合围，力歼日军，收复麦岭。9月25日陀国隆率领中队队员抵达南瓜山南麓。向日军发起冲击。陀国隆在战斗中壮烈牺牲，麦岭战斗最后失利。

麦岭战斗后，双方相持近一个月之久。在此期间，双方都不断派出兵力互相偷袭，零星战斗从未间断。10月25日，日军大部队向富川县城进犯。自卫队在麦岭桥防线奋起阻击，但在日军大小火炮攻击下，防线工事被摧毁，敌众我寡，自卫队放弃麦岭桥防线，撤离阵地，转到涝溪山。10月26日晚富川县城沦陷。

就在双方在麦岭相持的近一个月内。麦岭边民不时骚扰日军，时有零星战斗发生，也是在此期间，高桥村民打了一场兰岗山保卫战。

1944年农历九月的一天下午1点多钟，高桥村民义社全在从麦岭回家的路上，碰上三个骑马的日军正往高桥方向走。义社全想偷偷抄近路回村报信。被一个日军发现后连开两枪，当时非常危险，义社全顾不得自己安危直奔村里报信。

在慌乱中，一部分老幼妇孺村民由首和英带队转移到兰岗山大树林（地名）躲藏；另一部分青壮年村民60多人由义正宗带队转移到兰岗山山洞内。兰岗山山洞是村民多年来事先准备好的防范土匪、大马的藏身反击场所。山洞里有可供长期饮用的泉水和事先储备好的粮食、炊具等日常用品。当然也备有反抗的自制鸟枪火铳、土炮和大刀长矛、斧头钩刀等武器。

村民进洞后及时封洞，只留下防御垛口。村民们立即按之前开会约定的事项和分工，分头准备，各负其责。

当日下午2点多钟，日军进村扫荡抢粮食、抓壮丁。因来不及转移的村民义杜正、义国兴两人被鬼子抓走（兰岗山阻击战后两人逃回，那时义国兴被日军割去左边耳朵）。

第二天上午10点多钟，日军在岗背窑（地名）发现了兰岗山山洞边有人活动，便马上返回日军驻地鸬鹚塘调援兵四十多人前来攻打山洞，兰岗山保卫战正式打响，

村民义正宗、义正甫为炮手，义正利、首盛容为点火手，同时还组织精干年轻人做后应轮换作战。用自制的两架土炮（当地人自称三把连或大元枪），炮腔装满火药主硝"碗料"和"鱼网袋"（别称铁孔珠），其实是锅铁碎片、犁头铁碎片混合配制成炮弹。等日寇冲到半山腰，村民立刻用香点火引炮。只听"咣咣"两声炮响，弹片如天女散花飞泻而下。接着是鸟铳轰鸣，石块滚滚，打得日军屁滚尿流。

第一回合，日寇没料到村民会如此剽悍地反击，也没料到村民有土炮。因此很快就败下阵来。

但日军很快就回过神来，从驻地调来了小钢炮，重新发起攻击。兰岗山上炮声、机枪声、步枪声、手榴弹声再加上村民的土炮声、鸟铳声、呐喊声响成一片，打得山体轰轰巨响。村民们毫不屈服，誓死捍卫。战斗进入胶着状态，

日军分别在晚上10点，深夜1点多和凌晨5点钟发起了三次进攻，但由于山高坡陡，地势险要，荆棘丛生，再加上村民拼死抵抗，日寇始终未能攻进岩洞。村民采取的战术是，敌军打枪打炮时隐蔽不现身，等敌军接近岩洞时用长矛捅，用竹篙绑着的镰刀钩，用充足的石块砸，使敌人不得靠近。

直到凌晨6点多，天亮了。日军突然撤退了。日寇撤退的原因也许是因为村民的顽强抵抗，也许是认为和一群农民较劲，损兵折将攻占一个小山洞不值得，总之日寇撤退了，带着三具尸体和十几个伤兵撤退了。

这一仗，击毙日军三人，其中一个是在用松树作梯进攻时被捅死在挂梯上；一个是被炮打伤在河边饮水身亡；另一个丢手榴弹进山洞口时被村民反扔出去被炸死。打伤了十多个日军，还缴获了一把驳壳手枪。不幸的是，我方村民义正宗（1923年-1944）在日军第二次进攻时，被子弹从左眼击穿脑部当场光荣牺牲，年仅21岁。

经过20多个小时保卫战，高桥村民击退日军，严重地挫伤日寇的锐气，打出了中国人民的志气和团结一致、英勇抗战的精神。

湖圆岭下的那湾小田

——第六批中国传统村落小田村

▶ 古村门楼（唐春林／摄）

古村推介词 gucun tuijieci

小田村推介词

你或许从未见过这样的古道，四五百级阶梯为了征服一座山而从山脚蜿蜒向上嵌入了山的颈部，然后山昂起头，隆起脊背，略有些不安，却仍驯服着，温顺地驮起一个小山村数百年追求幸福和完美的执着。

小田村是古道盘出来的一个梦想，这梦已经六百多年了，还一直沉浸在那莽莽群山之中。

▼ 那湾小田

▲ 小田古巷（唐春林/摄）

一、地理位置

小田村东北至湖圆岭（即湖完岭，旧志载为湖广省界），西南界柳香村，都是崇山峻岭，为麦岭最高的位置，距麦岭10公里，是富川最偏远的小山村。

二、历史沿革

小田全村李姓，据村口祖公庙记载，始迁祖九三公明洪武年间自道州杨柳塘迁来，先在大坝弟家住，后又携一子迁小田。村头祖公庙有碑文未载他们因何外迁……但从各方面考证我们可以知道，明初到来的居民，大多是屯垦戍边的军户。麦岭李姓除小田外，还有湖完岭下新造、果（葛）园等村，所住都是过去必须严防的猫口。明代也有以瑶治瑶的政策，一些土著瑶民受招安后为熟瑶，尽管李姓身份有所模糊，但可以肯定是传说中逃出"千家峒"的瑶人，和村头岗唐姓一样，都是起义后散而复聚的平地瑶村落。被列入第六批中国传统村落，第四批自治区传统村落。

三、村落布局

小田属多丘陵地带，山岭起伏围成一个个山谷小盆地，水田较分散，且以小面积梯田为主。山区的劳作是艰辛的，但小田人既然选择了它，就笃定地生活下去，并且生活得如同世外桃源般精彩纷呈。

小田山多，一垄垄山丘、一座座土岭，围成一个个小盆地，浑厚壮美，却也不失清秀可爱。湖完岭下一口古井青石围成井栏，汩汩清泉流淌，唱着欢歌进入村堂供人饮用洗漱，进入田野灌溉滋养，然后在村后一个沉陷的阴洞聚集隐匿，消失不见，真可谓神龙见首不见尾，令人称奇。

小田隔着小溪流分大小两个村落，小村是大村贫困户搬出来形成的。据说小田大村为船形地，以村前最大炮楼为船篙。山峦叠翠，莽莽苍苍，气质十分独特。它看似原始蒙昧，却在朝晖夕阴的气象之中，透出一种雄浑坚定的力量感，和一种空灵幽远的历史感。

四、经典建筑

古炮楼

古炮楼建得特别高大，共有四层，各层都设有炮眼。历代都重视修缮炮楼，清初底层墙基都换成巨石，青砖用三六九尺寸，民国时换成二四七尺寸，这次又添了不少新砖。炮楼最高层还开有小窗，窗檐灰雕图案，上书"看山楼"三字。古人云：登山则情满于山，看海则意溢于海。可见创建此楼的人们不仅懂风水和政治，对壮美山川也是情有独钟的。

▲ 富川古村风貌（李成华／摄）

小田故事

唐春林

可以说，小田村是古道盘出来的一个梦想，这梦已经六百多年了，还一直沉浸在那莽莽群山之中。这绚丽的梦，由许多神奇美丽的故事组成。

亭子坳的神奇

你或许从未见过这样的古道，四五百级阶梯为了征服一座山而从山脚蜿蜒向上嵌入了山的颈部，然后山昂起头，隆起脊背，略有些不安，却仍驯服着，温顺地驮起一个小山村数百年追求幸福和完美的执着。

小田古道上山部分有四五百级，以过去的亭子为中心，用一至一米五长的青石板曲折依山势铺垫。亭子以下较多陡坡，当人们负重上行时，是格外辛苦的。冯骥才《挑山工》所写"走之字形路""不敢歇息"就是这样的情形。但在山脚一眼清泉里喝几口泉水后，一气挑担上到半山腰，这过山的重任也就基本完成，可以庆幸自己在人间的磨难又少了一份。所以，这时可以停歇，并要举行一个谢神仪式，就是在凉亭附近折几根小树枝，插在亭后一棵皂荚树根旁，礼拜三下即可，村民传说这样做法能增加脚力。这仪式最初可能源于娶亲谢山神。因小田地处远山僻壤，向来迎娶困难，一说到亭子坳，轿夫都摇头说难，故而在上山中途要借此歇息祭拜之机问新郎官另讨红包，后人沿袭效仿，便兴起了这祭山谢神的习俗。

花轿上的歌谣

小田古民居一些柱础、墙石所刻图案也与众不同，如玉兔祥云、芭蕉宝扇、令箭荷花等，取材独特，工艺精湛，都是祖传道学传统的一个反映。特别是一顶花轿，更集中了古道上婚俗文化的精华。

以前，瑶族娶亲嫁女所用的大多是四人抬的花轿。所谓大姑娘上轿——

头一回，坐上花轿无疑是人事一件头等大事，半点马虎不得，所以轿子必须设计得十分美观。而且还要有许多祥瑞的符号，以征吉兆，这一点，正是今天豪华轿车所欠缺的。所以在人们思想观念逐步回归的今天，做花轿的传统也在慢慢复苏。

但看花轿全身紫红，桐油漆就，古色古香。左右轿窗中间刻龙腾四海和丹凤朝阳，取意龙凤呈祥，幸福美满；后窗中间有麒麟玉书，预示将来早生贵子，宜室宜家。另外，围绕这些主题镂刻的还有几组小图案，如青蛙锦鲤图、红虾河蟹图、福禄双全图等，并饰以荷、梅花朵若干，也寓意对新人婚姻和和美美的诚挚祝福。

说到花轿，就要说坐歌堂。麦岭八都属平地瑶，坐歌堂是平地瑶流传的一种伴嫁歌舞的民俗形式，拥有悠久的历史，也具有独特的民族特色。歌堂歌是八都瑶人珍贵的非物质文化遗产。由于喜爱，笔者本人近年来收集整理了数万行歌堂歌原始歌词。

瑶族歌堂歌最精彩的是"哭嫁歌"，学者把哭嫁歌称之为"花轿上的歌谣"。在瑶族的婚俗中，女子在出嫁前要唱哭嫁歌，且将能否把哭嫁歌唱得动听、是否催人泪下作为衡量女子是否有才智和贤德孝顺的标准。在瑶人观念中，越催人泪下的哭嫁歌，越能体现女子的教养与家人感情之深。原始哭嫁歌有哭爷娘、哭兄嫂、哭姐妹、哭自己等等，见啥哭啥、见啥唱啥；现编现唱、嬉笑怒骂；感情真挚，情景交融，感天动地。

▲ 麦岭瑶族婚嫁

第四章

柳暗花明又一村

狮山古村的美丽蝶变

——第二批自治区传统村落狮山村

古村推介词 gucun tuijieci

狮山村推介词

　　"不能大拆大建，特别是古村落要保护好"；要"注意乡土味道，保留乡村风貌，留得住青山绿水，记得住乡愁"。这是习近平总书记对建设美丽乡村的要求。

　　狮山村做到了！狮山古村的改造，让传统村落重焕生机，留下了美丽乡愁 绘就了诗和远方。

　　狮山，一缕淡淡的乡愁，一幅动感水墨画，在画中邂逅幸福，遇见美好，在静守岁月中藏着一份惊喜。

▼ 狮山风貌（周海林 / 绘）

古村文档 gucun wendang

▲ 狮山民居（龙琦东／摄）

一、地理位置

狮山村隶属于富川城北镇石狮村委，距离县城18公里，紧靠富朝公路边。与永贺高速城北出口3公里。交通便利。现有汉族居民60多户，人口300多人。对外交流以西南官话为主，内部交流，有七都、八都话。2017年列入第二批自治区传统村落。

二、历史沿革

狮山村为林姓村落。据《百家姓》记载：林氏，黄帝之裔，原姓姬，居于西北高原，至商朝比干公已33代。商末，纣王无道，比干犯言直谏被杀，其妻陈氏逃入长林山中，生下儿子泉。周灭商后，因泉生于林中，其父坚贞不屈，被周武王赐以林姓，命名为坚，采食博陵（今河北省蠡县）。其后裔受封周、鲁、齐、魏等地。公元1063年，宋仁宗时期左都监察御史林通公辞官归隐贺州辖域富川豹山读书岩，至今入富九百多年。

狮山村始建于雍正元年（1723）。狮山祖公原居石枧村，因世祖公惟文到葛坡洞尾招郎，生斯达、斯远、斯进兄弟三人，原姓李。葛坡地旱，缺水缺柴，生活不易。斯进公于养鸭途中发现一地，前有河流、后有青山，山似雄狮，煞是喜欢。隧于雍正元年（1723）迁居于此，至今300年，繁衍十四世。民国十六年（1927），狮山村民认祖归宗，复姓林

三、村落布局

狮山村山环水绕、错落有致、绿树成荫。以村中的柏油路为界，左边是以扇形布局的保存完好的清代民居，右边是呈弧形与之呼应的现代新式建筑，加上溪流环绕村庄，俯瞰之下，就像一头绿色的狮子怀抱着一颗橙色明珠。

四、重点建筑

狮山宗堂

建于清朝末年,名为狮山宗堂。总面积约320平方米,为林氏祭祀祖宗、承办族中大事之地。宗堂采用抬梁式木架结构,为硬山顶、两进祠堂。一进有外门、前庭、仪门;二进为拜庭及正堂;中间是天井与两廊。最为突出的是明间右边建有一排次间,明间与次间的三面马头墙均为封火山墙,优雅、古朴、大方。穿过两廊,正堂神台上着"西河堂"三个大字,两边着对联"莆田发迹源流远,富水承桃世泽长",昭示着林氏的发源地在福建莆田。翻开族谱,有宋仁宗皇帝御书"忠孝"二字,说明历代重视忠君爱国,以孝道传家。

五、历史文化

每年旧历十月二十七,为祖公斯进生日。各家各户供奉祖公,并请戏班到村上唱戏。这其中有彩调班子,更有桂剧班子。新的时代,还有本地群众表演现代歌舞。

▲ 从左至右:狮山宗祠(刘阳/摄)、浅吟低唱(刘阳/摄)

岁月静好中藏着的一份惊喜

刘 阳

狮山村确实让人眼前一亮。

后龙狮山草木榛榛，植被苍翠。村前清澈的河水环绕着古村缓缓流出，夏日的阡陌田野，满目葱茏，盎然着勃勃生机。大雨过后的古村，空气清新，天空湛蓝，清风携着白云，一扫连日来暴雨滂沱带来的阴霾，使整个村庄显得格外清幽明净。

入村的道路非常宽阔，铺上了柏油，旁边还有红色自行车道。两旁绿树，亭亭华盖，红砖围栏，花草陪伴，休闲绿道成为村内一道亮丽风景线。

道路的左侧，村舍周边随处可见花圃小景，小溪流水潺潺，通组道路平坦，农家小院舒适，巷陌乡间绿树掩映，鸟语花香，一幅的乡村田园图景让人心旷神怡。

走进狮山，目之所及的乡村美景更令人心醉。一座座青砖黛瓦的农家小院错落有致、安谧恬静；一面面文化墙寓意生动、创意十足；一组组随处可见花圃小景，雅致养眼。一幅美丽清新的乡村画卷呈现在眼前。

据村中林长高、李道通两位老人和村干部介绍：狮山人豁达、开朗、友善、团结。在整治改造古村落的过程中，思想统一，意见一致。村民们舍得贡献自家的土地，听从指挥，统一规划，统一施工。仅用了半年时间，就完成了整村风貌改造。使村庄发生了改变：入村的道路拓宽了，厕所、猪圈的臭味没了；同心广场建起来了；就连祠堂边的香樟林也穿上了"绿色裙子"。村庄道路、环境设施、村民饮用水、村民公共活动和服务场所等项目陆续实施，不断完善，村容环境发生了翻天覆地的变化。

改造后的狮山村，以村中的柏油路为界，左边是以扇形布局的保存完好的清代民居，右边是呈弧形与之呼应的现代新式建筑。既融入了现代时尚元素，又传承了文化基因，延续了历史文脉，留住了美丽乡愁。

古村美起来了，活起来了，村民们挺直了腰杆，甜进了心坎，都说"乡村美了，不比城里差"。原来农民想都不敢想的生活如今变成了现实。

站在同心广场，感受着现代与古典碰撞出的高雅气质，你一定能听到它们在诉说各自的故事，表达互相的怀念和敬意。

狮山村最有诗情画意的组景是村子中间两口池塘。一口荷叶娉婷，荷花飘香；一口清澈明亮，倒映着青山下的蓝天农舍。位置是那么妥帖，且与周围环境那么的调和。

"池塘有名字吗？"我情不自禁地问。

村干部说："还没有。你是作家，要不你给池塘安个名呗。"

我笑了："哪轮到我来给你们村的池塘安名。"

说话间，我脑海里跳出两个美丽的池名：溢香池，溢远池。

溢香池，一个乡村池塘的美好名字，一个溢出了千古书香文脉的池子。在那里，曾经有狮山村一代代人的墨笔，在溢香池的碧水中荡漾、洗濯；然后在洁白如玉的宣纸上泼洒、耕耘，耕耘出一个个春夏秋冬。

溢远池，一个同样美好的乡村池塘名，香清溢远。一个环境优美、人文隽永、乡风醇厚的狮山古村正在华丽蜕变，已经成了"山水相依、乡愁并存"的美丽村居示范点。香气远播，未来可期。

斜阳夕照，晚霞满天，青山绿水间，村舍田院前的池塘边，一位九旬耄耋老妪，安详地坐在矮凳上，脸上堆积着皱纹和笑容。她静静地低着头，享受着孙女为她抓头、洗发、揉肩。盛夏的时光在指缝中淡淡地流，静静地淌。94岁的老人啊，一缕缕青丝在孙女儿轻柔的指缝中变得整齐、顺畅；老人轻轻地将双脚搭在孙女儿腿上，孙女儿专注地为奶奶剪着指甲。这一刻，清风醉了，连夕阳都变得那么温柔，晚霞轻轻地洒落在奶奶幸福的脸上。

老人也许没想到，她居住了百年的古老村庄，会发生如此魔力般的蝶变，她更没想到，在自己饱经沧桑的风烛残年，还会享受到如此岁月静好的阳光。

夕阳、晚霞、炊烟、薄雾，还有山溪流动的声音，还有晚归的小鸟和牧童。

狮山，一缕淡淡的乡愁，一幅动感水墨画，在画中邂逅幸福，遇见美好，在静守岁月中藏着一份惊喜。

▲ 溢远池（刘阳／摄）

潇贺古道上的那片古窑

——第三批自治区传统村落马山村

▲ 马山街图（龙琦东／摄）

古村推介词 *gucun tuijieci*

马山村推介词

　　在山峦起伏田畴阡陌的马山古窑址，山脚、路边、沟渠、岭畔，一不小心你就会踢着一片古瓷，被半拉窑具磕绊；考古发现此地有多个时期的窑址依次排列，状态典型，恰如一卷打开的古代民窑发展史书……

　　漫步脚下这片绵延起伏的山峦，行走在沟壑纵横、溪流交错的阡陌。走入一座座曾经窑火飘舞飞扬的馒头古窑，去抚摸那一口口荒草密布的枯井、耙池，去聆听古道窑火岁月年轮的千年喘息声。

▼ 马山全貌（黎家志／摄）

古村文档 gucun wendang

▲ 马山风貌

一、地理位置

马山村位于城北镇的西北部，是潇贺古道朝东至城北之间的中段上的一个古村落，距离城北镇7公里，离朝东镇5公里。有古道穿村而过，村旁有省道经过，自古以来交通便利。

二、历史沿革

马山村是以周姓氏为主姓，有张、蒋、廖、苏等20多个姓氏。村子人口600多，其中三分之一为龟石水库搬迁移民，周姓先祖于清乾隆初期迁入马山村定居，目前已繁衍至第十二代。居住最早的是张姓，大概是清朝初期来定居的。马山是潇贺古道上的重要兵营，是军队驻防地，也叫"马山汛""马山营"。民国23年设马山乡，辖11个村。民国32年撤乡改为"马山街""马山脚""马山村"。

三、村落布局

马山村坐北朝南，村中有一座形如骏马的山，所以取村名为"马山"，这座山也是后龙山。西边都庞岭余脉莽莽苍苍，丘陵绵延起伏郁郁葱葱，沟壑纵横，溪流阡陌交错。东边石山单座凸起，形状秀丽多姿，与石龙喀斯特地貌山峦构成富川中段山水花园。

四、经典建筑

古民居。该村古民居以三间堂为主，具有典型的岭南清末民初的民居风格。一些民居的窗、屋脊多装饰博古图案，檐前出飘斗拱提抬檐梁，硬山顶，有饰龙头翘角。

宗祠。马山村宗祠为二进二厢四合院式木构建筑抬梁穿斗混合式梁架，悬山屋顶。中有戏台，平面呈方形，四柱，歇山顶，八角重拱复斗式藻井。是清代典型的木构宗祠建筑。

城北马山宋代窑址调查报告

黎家志

　　这篇《富川城北马山宋代窑址调查报告》是笔者2016年1月，为编制自治县文物保护单位资料所作的。本书总编撰何佬认为应收录进富川古村落文档，填补富川传统村落古窑址资料的空白。本人在原报告的基础上作了删减，因为有些资料是暂时不能对外发布的。

　　马山村坐落于开阔无垠的田园间，开阔无垠；西边都庞岭余脉莽莽苍苍，丘陵绵延起伏郁郁葱葱，沟壑纵横，溪流阡陌交错。泗源山充沛的溪泉和当年取之不尽的原始森林柴草，为古窑址的落地提供了自然条件。

　　一、位置与环境。城北马山窑址位于广西富川瑶族自治县城北镇马山村后的一片岗地之上，土质适合制作瓷器。城北马山窑场西南面为都庞岭，西北面与水谷窑址相接，东面有潇贺古道。这里背山面水屏风聚气，是环境优美生存条件十分理想的聚居地。

　　二、时间与窑址规模。马山窑址出土的两个印模上刻有"淳熙拾年置用"，也就证实了马山窑址乃至整个富川窑场为宋代时期窑场。马山窑址遗存分布于总面积约2平方公里，初步调查窑堆共36处，西接水谷村（约有窑堆共36处）、秀水窑址（约有窑堆十多处），西北接豪山窑址（有窑堆8处），是一处规模庞大的大型制瓷窑场。窑址范围内有东山水库和四处水塘，为岗地中较为低洼的地带，应是窑场的原料产地，在这些塘边可见大量细沙和砾石，应为淘洗原料后的废弃物，水塘之间有沟渠相连通，水源引自西南面都庞岭。从调查情况看，各窑堆产品类型都较多样，但以某一类为主或以某一类产品质量较为突出。

　　据村民介绍，窑址西面原名千家寨，是这一带赶圩的地方，窑场位于以水谷为中心的秀水、豪山、马山、石鼓村一带共有上百处窑堆。关于该窑场的衰败，据村民传说：由于这里是一个大型制瓷窑场，规模庞大，一起开窑时天空一片黑，影响当地环境，朝廷下令将窑场全部关闭，一夜之间朝廷军队将整个窑场灭毁。

三、器类与形制。绝大部分为圆器，少量为琢器，器类有碗、盏、碟、杯、盅、盘、盆、钵、壶、瓶、炉、盂、砚滴、碾槽、器盖、坛、罐等。采用轮制拉坯，一次性制作完成或分段拼接。

四、胎。多呈青灰色、灰白色，或因生烧等原因而呈姜黄、砖红等不同颜色。胎内含较多细沙，较紧密，烧结良好，局部可见孔隙或气泡，胎壁总体较薄，部分较厚，胎壁厚普遍0.2～0.4厘米。

五、釉。按外观颜色分类，釉有青釉、褐（酱）釉、黑釉、绿釉、乳白釉、窑变釉等类别。以青釉为主，有翠青、青灰、青黄、青褐等色泽之分，部分青釉玻璃质感强，光润透亮。釉层普遍较薄，器外壁稀薄透明者可见拉坯旋痕，釉面有细小冰裂。

六、装饰技法。该窑场的装饰技法可分胎饰、彩饰、釉饰三种。以胎饰技法最为常见，有印花、刻画、按压、锥戳、堆塑等手法，又以印花为主，碗盘盏等圆器内多有不同印花纹。

七、窑具与装烧方法。各窑堆多见支钉装烧工具。支钉主要是器坯之间的间隔具。匣钵主要用于套装印花类等较为精致的器坯。支柱主要为抬升窑位而垫于器坯之下的支烧具。垫圈、垫条多随手捏制，大小与器底、支柱顶面相近，用于间隔器坯与支柱、器坯和匣钵。较精的印花产品多用匣钵、垫圈、支钉这一组合窑具装烧，素釉产品多使用支柱、支钉叠装裸烧，不用匣钵。

八、有关问题的思考

马山窑址的器形、印花装饰及支钉间隔叠烧法与广西永福窑、藤县中和窑、湖南江永允山窑、江西吉州窑等一些以印花和彩釉装饰为主要特征的南宋至元代时期窑址产品近似。此外马山窑址中还可见类似龙泉窑、建窑、耀州窑等南北名窑风格的产品。这类印花和彩釉装饰窑址的兴起当与两宋交替之际北方战乱造成大量民众包括工匠南迁所造成的日用陶瓷消费习惯的转变和南北制瓷技术交融有关。或与朝廷大力发展经济在南方发展陶瓷生产出口东南亚有关。从本次调查情况看，马山窑址的制瓷工艺与同期著名的景德镇瓷器媲美，某些工艺水平甚至超过了景德镇，其自身特征的揭示还有待进行更为全面的考古发掘。尤其是陶瓷工艺中是否含有瑶族文化因素？如果是又该如何解释其工艺与南北各名窑类同的现象？这些问题值得深入探讨。

通过简单梳理，我们可初步判定城北朝东窑址是瑶族地区经济发展的产物，有理由相信该窑址是由南宋时期民瑶（即平地瑶）所烧制，南宋时期瑶、汉族与中原地区南迁的广泛交流，深受中原文化、南粤文化的影响，该窑址是瑶汉陶瓷技术交融的结晶，是当地文化与中原文化、南粤文化陶瓷技术交融的结晶。所以其陶瓷工艺与同时期的汉族地区没有太多区别。城北朝东古窑址是南宋时期瑶汉等多民族交融的物质体现，是研究南宋时期该地区社会历史与经济发展和湘桂各民族经济贸易往来的珍贵实物资料。

木江水岸有人家

——第二批自治区传统村落木江村

古村推介词 *gucun tuijieci*

木江村推介词

古人云"仁者乐山，智者乐水"。中国人乐居山水的情节由古至今，从未改变。

坐落在白沙河岸边的广西传统村落木江村，择水而居，与水相伴，依山傍水，水岸人家。

大山、河流、林木、民居、田野、庄稼，构成了一幅和谐、宁静、潇洒、秀美的中国画。

▼ 古村一角

古村文档 gucun wendang

▲ 古民居特色（邱桂芳／摄）

一、地理位置

木江村地处白沙镇北部，位于白沙河西岸。距县城28公里，离镇人民政府驻地3公里，富八一级路从村前经过，交通便利。

二、历史沿革

木江村由徐、李、陈三姓人合居，皆有600多年历史。据村民欧国亮手抄版族谱记载，徐姓村民于明朝洪武三十一年（1398），由立寨始祖徐九六公，从梧州苍梧县珠玑巷街到富川县大塘坪居住，至正统十三年（1449），迁移到木江桥，定居立寨。

李姓村民，由始迁祖贵海公，于成化元年（1465）迁入。陈姓村民，由始迁祖陈嵩公，于成化五年（1469）入户。

村名由来。当年的白沙河上没有桥梁，河边一棵参天大树，其粗大的树根长长的伸过了江的对岸，村民便以木根为桥。当地方言把木根叫作"木姜"，故村名为"木姜桥"。后来嫌"木姜"字难人又难写，就改成了"木江"。

三、村落布局

村子坐落于都庞岭余脉山脚下，坐西朝东。背靠大山，树木葱茏苍翠；面临白沙河，水量充足。依山傍水，风光迤逦。

村里现存古民居80多座，分布在350,000平方米的范围。其民居为砖木石结构，抬梁式构架，硬山顶。多数为民国初年所建，是粤民居风格。平面布局有三间堂、五间堂及天井屋。

四、经典建筑

古门楼

在木江自然村，有两座门楼立于村前。门楼宽约3米，高约5米，门楼两侧均有类似于屏风样稍矮的墙翅。门楼顶部的屋檐，与民居类似风格，屋檐上翘角，顶部中间有一类似四方口铜钱的装饰。两侧门楼大小高矮一致，但绘画、文字均不同。左侧门楼上方刻着"永绥恒泰"四个字。字两边画着仙鹤、兰花、祥云等，分别写着水秀山明云雨春，金鸡报喜天下白。墙肩两侧分别写着桂阑、腾芳，有子孙发达之意。右侧门楼上写着"山东挹爽"，两侧均有绘画和文字，墙翅两侧也分别写着"物阜""民安"。

五、历史文化

村民喜欢唱"梧州歌""留西啦勒"。信奉刘仙娘。

大围冲里的和谐瑶寨

——第一批自治区传统村落大围村

大围村推介词

古村推介词 gucun tuijieci

大围村历史上是过山瑶，后来演变成熟瑶（平地瑶），因此，富川瑶族所有的民族文化和习俗，都可以在这里找到踪影。

大围源是富川西山九源之一，有瑶寨9座：牛头窟、马鹿口、上寨、塘脘、鸟冈、田坪、大寨、西塘、牛木头。他们依山麓而居，和睦相处。

▼ 大围庆缘寺图（周海林／绘）

镇大围村庆缘寺平画鸟瞰

▲ 大围古寨一角（龙琦东／摄）

一、地理位置

大围村地处都庞岭余脉西岭山脚的大围冲，位于富阳镇西北面8公里处。是富川古老瑶寨之一，居住有盘、沈、奉、唐、陀等多姓瑶民，户籍人口1520人。是第一批自治区传统村落。

二、历史沿革

大围村先祖躲避战乱，见此地风景优美、土地肥沃，故迁徙至此。村庄始建于明洪武初，历明清两个朝代，距今已有600多年历史。大围村的瑶族大都是过山瑶，20世纪五六十年代村民都说勉语，后来说九都话，到现在基本上同化为用梧州话交流。

三、村落布局

大围村为丘陵型村落，坐西朝东，三面环山。其古建筑包括炮楼1座，祠堂1座，神停屋1座，门楼2座，民居40座。民居及其他古建筑为清代或民国初期建筑，砖木结构，木架结构为抬梁式，抬梁穿斗混合式。顶为硬山顶，硬山面饰双肩，三肩马头墙。飞檐翘角，雕花门窗。建筑基本保持原貌，基础结构稳定，具有一定的瑶族建筑的特色，对研究富川瑶族聚居提供一定的史料实物。

四、重点建筑

盘氏宗祠

盘氏宗祠为二进二厢四合院式木构建筑。抬梁穿斗混合式梁架，悬山屋顶。中有戏台，平面呈方形，四柱，歇山顶，八角重拱复斗式藻井。是明代典型的木构祠宇建筑。

五、历史文化

平地瑶的由来

富川的瑶族按信仰分类，全部是盘瑶，其中有过山瑶不到1万人（讲勉语），聚居在富川境内的都庞岭余脉（富川人叫西岭山）上的高宅、石林、泗源、涝溪和长溪江等几个村委；宝庆瑶主要居住在朝东油沐的黄沙岭，只有一千多人；其余的约15万瑶族人口都是平地瑶。

富川县瑶族来自黔中五溪，后散居富川。但也有瑶族自述来自灌阳道州千家洞，后散居于富川的。在新中国成立后的十年间，每次少数民族代表座谈时瑶族老人自述来源都认定富川瑶族的老祖宗都是由千家洞来的。瑶族老前辈传说：全县少数民族12姓人是盘、黄、李、廖、邓、任、赵、周、唐、奉、包、沈等。现在一般会讲瑶话，过去大部分信奉盘古庙。三年、十二年、二十四年还一次祖公愿，都有建大庙，纪念他们祖宗怎样逃难出来的。祭祀时还化装成以前的式样，唱歌堂（瑶话），跳长鼓舞和笙鼓舞。从风俗习惯说，瑶族的衣服过去有花边，肩、裤脚都有花边。新中国成立后，富川县瑶族大部分改掉了穿花边衣裤，但仍有头巾包头的习俗。

平地瑶是从盘瑶分化出来的新支系，这部分瑶族大多分布在湘桂粤边界的平坝地区，是从山上搬到山下的盘瑶或被封建王朝征为瑶丁、瑶兵的盘瑶转化而来。（《瑶族通史》311页）

所谓的"平地瑶"，是相对"过山瑶"而言的，指的是居住在自然环境和社会条件较好的"平原区"，较早开始定居的农耕生活，社会发展水平较为先进的那一部分瑶族。平地瑶支系主要分布于湖南江华、江永，广西恭城、富川、钟山、临桂等县区，至今已发展到40余万人。

▼ 大围风貌（龙琦东／摄）

白沙河畔的小山村

——第二批自治区传统村落檗田下村

檕田下村推介词

古村推介词 gucun tuijieci

　　远望古村，背靠都庞岭石虎山和黄牛头，白沙河穿村而过，土地肥沃，山明水秀。村子有山有水，有威虎相护，有壮牛相帮。

　　走进檕田下村，一片粤派古民居伫立眼前。龙头翘角，古色古香。一山、一水、一庙、一田园，滋养着一座恬静的小山村。

▼ 特色古民居（邱桂芳／摄）

古村文档 gucun wendang

▲ 古石墙（邱桂芳／摄）

一、地理位置

檠田下村位于白沙镇西南部，辖区面积8.03平方公里，距镇政府1.5公里，处于都庞岭余脉，是"富川岭南瑶族文化展示长廊"的前沿地带。

二、历史沿革

程姓始祖自南京珠玑巷至广东南海而到广宁，因居住未合，迁往湖南数年，长房迁居桂林上宝定寨名曰程家村；二房到广西贺县江东里积庆坊定居落业。明朝期间，九世祖迁居檠田。后来徐、周、邓姓陆续搬来本村。

三、村落布局

檠田下村背靠都庞岭石虎山和黄牛头，白沙河穿村而过，土地肥沃，山明水秀。村口有泰山石敢当石柱虎头雕刻，虎头王字显眼，虎虎生威。意喻泰山石为村民挡住歪风邪气，保佑村民安康。

檠田下村遗存有18座古民居，均为民国初年所建，其风格极具粤地建筑特色窗、屋脊多装饰博古图案。檐前出飘斗拱提抬檐梁，三间堂多为凹字形。天井屋平面布局有上下两厅式；有照壁加天井式，建筑为硬山顶有龙头翘角。

四、重点建筑

仙姑庙

仙姑庙，始建于清朝康熙乙酉年，"文化大革命"时期被销毁。2005年，也为乙酉年重新修建，刚好300年历史。挖地基时挖出石碑一块，记载了康熙年间建庙时村民捐款事宜。仙姑庙供奉的是白王帝和刘仙娘。村民在初一、十五、过年过节期间前来供奉。仙姑庙建在一座小山上，山脚下泉水不断涌出，清澈凉爽。

五、历史文化

主要节日有正月十七、二月社（立春过五个戊乙）、六月六、七月半、八月十五、八月社（立秋过五个戊乙）、十月十六。正月十七尤为热闹，节日当天唱山歌、舞龙舞狮表演，外地人本村人都来看表演，可谓人山人海。

荔平关外的营盘哨所
——广西第四批传统村落栎坠岗村

▶ 古炮楼（何佬／摄）

古村推介词 gucun tuijieci

枥坠岗村推介词

古麦岭荔平关外，一座庇佑四邻的黄帝庙，一座萃集清雅的文昌阁，一座承载信仰的道观，一座彰显文武的门楼，一座对影成月的拱桥，两条倾注富江的溪流，三座临街耸立的碉堡，还有几段脍炙人口的传奇故事，构成一个独特村庄，她就是古代屯田驻兵留下的印迹——枥坠岗。

▼ 冯乘县荔平关

一、地理位置

栎坠岗又名栎脚岗，位于麦岭镇东面，离麦岭街公里，距富川县城33公里。

二、历史沿革

传说后蜀主孟昶亡国降宋后，有妃子名"花蕊夫人"流落民间，育一子改为"首"姓，世居荔平古关口栎坠岗。元代村民遭兵燹逃散，至明初有帅保公为武官营徙流源嶙附近红竹塘村，后裔人丁兴旺，多分布在麦岭栎坠岗、财富塘、黄石源、古立头等几个村子。据去年村庄简介统计，栎坠岗村民共82户416人，以首姓居多，杨姓稍微少一些。

三、村落布局

栎坠岗民风淳朴，文化底蕴深厚，风景也格外优美。

它占据现富江源头麦岭段最大泉水口，有两条大河左右环村流过，村民说其形为船地。村后葫芦塘泉水建有供全镇饮用的自来水厂，其水汇合上游长春水库（源出茗山，为富江最长源流）所蓄流水曲折环绕村庄，灌溉千亩良田

及数百亩蔬菜基地。因水源充沛，所以四季果蔬不断，大多运到广东等地，创造新的价值。村后有一小土岗，长满香樟、苦楮、青桦、黄连木，以及一些不知名的大树。古村依林而建，远枕西北面迢递群山，近看东南连片果林，另还有村左一条"玉带水"潺潺流过，环抱有情，依旧是"小桥流水人家，古道西风瘦马"的清雅风韵。

村落里有洪武年间建造的砖瓦房五十余座，大部分至今保存完好，少数已损毁。先人逢乱世落籍此地，自我保护意识是很强的，并且一向都有军户屯垦戌卫的传统，所以在村口修建不少炮楼，现能看到的有三座。年久失修，都有不同程度损坏，最高一座也只剩两层半（原楼估计有四层，二十米左右）。它夹在一条主巷道中间，下层左右嵌入民居墙体，上部则巍然高出，显得稳固而又秀气。

四、经典建筑

炮楼

现能看到的有三座。年久失修，都有不同程度损坏，最高一座也只剩两层半（原楼估计有四层，二十米左右）。

231

它夹在一条主巷道中间，下层左右嵌入民居墙体，上部则巍然高出，显得稳固而又秀气。炮楼门或圆或方，高只两米，宽不足二尺，牛马如果肥壮，可能要挤着过去，但防御上却有一夫当关，万夫莫开的优势。

仔细数数墙砖，比一般双砖墙还要再多两块砖，增加一倍的厚度，可见村民用心良苦，在细节上做足了文章。每个炮楼上正面都有灰雕门额，上书文字，可惜都已脱落看不清楚！第二层以上都设瞭望口和射口，这些仿造烽火台式的建筑为历代抵御外侵发挥了功不可没的作用，是很有历史意义的。

门楼

栎坠岗古门楼，建于明初，于2002年村民自行集资修复，门楼上方悬挂两幅牌匾，其中一幅是道光甲申年（1824）授予杨绍通文魁，同治六年（1867）授予首占元武魁。门楼前有鹅卵石花街路，中间有图案，设计简单，但也美观大方。

▲ 古巷流芳（何佬／摄）

虎啸长林

——广西第四批传统村落长广村

▶ 青石板民居（唐春林／摄）

古村推介词 gucun tuijieci

长广村推介词

　　麦岭长广村，紧邻麦岭府是古代屯兵屯田之地，周边历代驻兵。站在麦岭阡陌纵横的土地上，后人可能很难想象，这片古老的土地曾负载过多少铁血男儿的聚会和气吞万里的抱负。

　　历史风云变幻的踪影仿佛印证了朝代的变迁，曾经的辉煌与喧闹都被时光所沉淀，校场上的呐喊和兵器碰击的叮当声，早已悠然远去，屯兵的城堡和兵营除了些许残垣，都已灰灰湮灭。留下来的就仅仅是一种记忆和印迹……

▼ 长广风貌（唐春林／摄）

古村文档
gucun
wendang

▲ 长广民居特色（唐春林／摄）

一、地理位置

长广村位于麦岭街西侧，距麦岭3公里，离富川县城33公里。

二、历史沿革

本村纯为毛姓，从秀水迁来长广已住了二十多代人．现本村人口500多，清代分迁附近桐木宅村也繁衍近500人，短短五百年，不仅人丁兴旺，还出了一个武举，一位贡士，若干廪生庠生，真可谓人文蔚起，兰桂飘香。

三、村落布局

麦岭龙脉人称屯兵龙，能出文臣武将，是龙盘虎踞的风水宝地。过去地理先生相麦岭曾有四虎之说，即：卧地虎村头岗，跳涧虎金田村，下山虎长广村，上山虎宝剑圩。四虎中长广处于麦岭东北较高位置，左面土岭自长春迤逦而来，右面石山从教场山始依次摆开，纵横捭阖，是很有气势的。这也是"长广"村名称的由来。

远观长广村后龙山稍矮但厚实，分三段一字展开，如猛虎添翼，又如

圣旨舒卷。正中间是立祖开基第一个门楼，然后往右依次是三房、二房、长房门楼，入门后各有一条石巷延伸到山后，沿街巷所建明清古民居大多保存完好，少部分坍塌，留下断壁颓垣，亟待修缮或拆除。长房门楼可谓高大气派，彰显长广毛氏的鼎盛气象。虽未居中，但枕山临溪，八字形状大张其口，具有吞天之势。一对石鼓底座镌刻云水阳纹，上端光滑圆润，泛着幽幽青光。

▲ 潇贺古道名亭——永济亭

235

小溪之美不止在溪

——第四批广西传统村落小溪村

古桥倩影（胡军／摄）

古村推介词 gucun tuijieci

小溪村推介词

古人说"富川古道有三秀，秀水秀山加秀溪"；又道"富川古邑有三溪，福溪凤溪与秀溪"；秀水、秀山、福溪、凤溪等古村落，都在富川大名鼎鼎。其中三个是中国历史文化名村，两个是中国少数民族特色村寨，声名远播。为什么秀溪却"养在深闺人未识"呢？让我们撩开小溪的神秘面纱。

▼ 小溪风貌（周海林／绘）

▲ 小溪古村一角（黄思隆／摄）

一、地理位置

小溪村位于麦岭镇东面，踞麦岭街15公里。深藏在群山土岭中，远离城镇，自古交通不便。

二、历史沿革

秀溪世居大族有钟、何两姓，杨、李、莫等姓氏只有几家。钟、何两姓定居较早，可溯源到隋唐时期，已有千余年历史。何姓曾迁到高桥附近居住，数代后回迁，明中期人文蔚起，添财添丁，富贵双全。

三、村落布局

小溪村四面都是险峻的石山，中间围成一个宽敞的盆地，唯后龙山巍然独立，人称磨盘形或莲花地风水。但细堪其地势北高南低，一河水自东北环流而来，与朝正南、东南及西南方向的古居建筑群体正好形成一个扇面形状，形成一个环山建村的局面。依山傍水，风景格外秀丽。

秀溪古建筑群很宽，现有十余个巷道，近百座古民居保存较好。相传过去该村有十座立柱门楼，中心有十字街，街旁店铺客栈林立，供远近村民交易及来往客商居住。

小溪村村内现古迹有四庙堂：龙归庙、香花庙、水头庙、水川庙。二社：来龙社、田头社。一寺一观：普惠寺、金华观。门楼十座，青砖黛瓦房百余间，保留较完整的带天井的大户屋十多间，大体背靠后龙山呈东南或西南朝向。这些建筑飞檐翘角，古朴大方，柱础、窗花图案也雕刻得十分精美。

四、经典建筑

武举故居

    一座石基古宅后面连着几排两进三间砖瓦房，飞檐翘角，气派非凡。一个较为特别的门楼据说是何姓一个武举发迹后所建，为能骑马径直进到家门口而加高了几尺。

钟家大屋

    钟姓过去也有进士举人，但都陆续搬迁到附近村寨或外地，清代出官宦少些，也

▲ 老家

还有几家大户，建在入村的青石古道旁，都是徽派的天井立柱式建筑，那高耸的马头墙沧桑而又稳固，依然在显示他们过去长期的辉煌。

拱背桥

在村前秀溪河上，为多联石板桥，桥旁青石砌埠头，并立一方柱形石碑，所刻文字娟秀清晰，可惜"文革"时推倒损毁，所载内容暂无法确知。

五、历史文化

秀溪是广西非物质文化遗产瑶族溜喉歌传承基地。该村老歌手黄先保是瑶族溜喉歌代表性传承人。

瑶族溜喉歌主要流传于富川瑶族自治县北部朝东镇、麦岭镇、葛坡镇等操"七都""八都"口音的地区，是以汉语方言土话"七都""八都"演唱，歌词以情歌为主。在歌曲结尾的衬词衬字中，常出现"溜喉咧"，因此得名"溜喉歌"。

2010年，瑶族溜喉歌经广西壮族自治区人民政府同意，入选第三批自治区级非物质文化遗产名录。

▲ 从上至下：小溪（王思隆／摄）
小溪古戏台（王思隆／摄）
溜喉歌走向大舞台

花 絮

富川名家画古村：盘桂兴简介

    盘桂兴，瑶族，1934年出生于广西富川瑶族自治县葛坡镇一个少数民族农家，1956年参加工作。1958年考入广西艺术学院美术系国画科学习，师从名师刘锡永、黄旭、黄独峰老师学习中国画。1962年毕业后，到平乐中学任教，1964年调入广西美协，曾任广西美术家协会秘书长、常务副主席（正处级）。系中国美术家协会会员，中国当代工笔画学会会员，中国少数民族美术促进会常务理事，广西书画院院士，广西民族书画院高级画师，广西老年书画研究会副会长。

    擅长工笔人物花鸟画，作品多次参加全国各种美展，十几次获奖。作品《壮乡春早》《国色天香》分别参加第四、七届全国美展；《授证书》参加全国少数民族美展；《边陲异彩》参加第二届中国当代工笔画大展；《喜庆有余》获纪念周恩来诞辰100周年全国书画展一等奖。

耄耋老画家盘桂兴笔耕不辍

盘桂兴美术代表作

山水画《家乡的小屋》

第7届全国美展作品《国色天香》（绢本）

进一步传承发展富川传统村落文化的思考

富川政协办公室

【导语】

古村落是我们了解年代久远的古文化的窗口，富川的每一个古村落都是一本人文厚重的史书。

一个传统村落，就是一段完整故事、一幅田园美图、一方村落文化。富川列入省（自治区）级以上传统村落名单的35个村寨，犹如散落在潇贺古道上的35颗熠熠生辉的珍珠，透过这些珍珠，我们窥见了富川厚重的村落文化、淳朴的民风民俗和各村群众艰苦奋斗的创业历程。弘扬传统村落文化，有利于增强文化自信，振兴民族文化。

古村落亦称传统村落，是指聚居年代久远，具有历史、文化、科学、艺术、社会、经济价值的历史村落。既包括村落的规划、各类建筑、桥梁、庙宇、名木古树等物质文化遗产，也蕴含各类民风习俗、传统节日、民间信仰、传统技艺等非物质文化遗产，是物质文化遗产和非物质文化遗产的综合体。

古村落是历史文化遗产的重要组成部分，它反映了不同时期、不同地域、不同经济社会发展阶段形成和演变的历史过程，真实记录了传统建筑风貌、优秀建筑艺术、传统民俗民风和原始空间形态，是中华民族文化的源头与根基。广西贺州市富川瑶族自治县传统村落不仅数量众多、分布广泛、各具特色，而且历史积淀深厚、文化个性鲜明，是祖先馈赠予我们的丰厚遗产，也是中华大地上民族优秀传统文化得以流传的血脉以及给我们留下美好乡愁记忆共有的精神家园。

一、富川传统村落基本概述

富川位于广西东北部，地处粤桂湘三省（区）交界，北连湖南省，南接广东省，西靠大西南，毗邻粤港澳大湾区。富川全县总面积1572.36平方公里，现有人口34万人，是瑶、汉、壮、苗、侗、回、彝等民族的聚居区，其中瑶族人口占58%。

据史志记载，富川在夏商周三代为荆州南越区域，春秋战国时为楚地，秦代县地属南海郡，汉高祖时属南越国桂林郡；汉武帝元鼎六年（前111）始置富川县治，属交趾刺史部苍梧郡，三国时期属吴荆州临贺郡，两晋南北朝时属湘州临贺郡，唐宋以来归岭南西道、广南西路即后来的广西省；1950年1月1日，富川县人民政府成立，1983年8月30日经国务院批准成立瑶族自治县。

富川历史文化悠久，考古学家在富川境内出土的陶器制件品可追溯到1.1万年以上。陶器制件品的出现，说明富川先民由游离不定的生活走向定居，也证明了富川古代聚落形成的历史追溯到更为久远的新石器时代初期。

富川传统村落大多始建于明清时期，有的可追溯到唐宋时期。这些村落之所以能保存至今，就在于其具有浓郁的历史风貌、优良的自然生态环境、科学布局的人文景观、异彩纷呈的民族特色。富川现存建村立寨800年以上历史的古村落有朝东镇秀水村、东水村、豪山村、东山村、黄宝胡家村、塘源村、福溪村、龙归村、城北镇石龙村、周家村、凤溪村等十几个村寨。其中有据（史志、碑刻和族谱）可考的富川现有村落中最早定居富川的古村有：一是唐朝证圣元年（695）迁入朝东的胡姓；二是唐朝开元年间（713—741）迁居于朝东秀水的毛姓；三是唐元和三年（807）迁入朝东东水铁炉湾的何姓；四是唐末（860—907）迁入塘源（抵源）的唐姓。这四大家族始居地都在今天的朝东镇境内，都是千年以上的古村落。

在"三普"时，全县普查出有始建于明代洪武年间的古村落54个。迄今，富川共有自治区级传统村落35个，国家级传统村落27个，其中秀水、福溪、秀山等3个古村落被列为中国历史文化名村，凤溪、深坡、虎马岭等4个古村被评为中国少数民族特色村寨，是广西拥有中国传统村落最多的县（市、区），2022年，富川入选全国传统村落集中连片保护利用示范县。

在古村落不断消失的当今，富川还有一大批传统村落得以幸存，不得不说富川是十分幸运的。富川传统村落是富川文化遗存的宝库，是富川劳动人民智慧的结晶，也是富川各民族文化的反映和社会历史发展的见证，是体现富川历史文化、艺术、工艺水准不可多得的存世样本。它朴实无华，与自然和谐相处，充满了顽强的生命力，至今仍与当地村民生活息息相关。切实保护好富川的古村落是一项功在当代、利在千秋的神圣事业。

二、富川传统村落的鲜明特色

富川主要是汉瑶两大世居民族，瑶人依山而居，汉人占居平原，"民人住中间，瑶人在两头，富川立得好，白水两边流"的民族村寨布局在清代已经形成。

富川古村落的布局和环境营造，可概括成六句话："择村倚一道，建村取一水，兴村靠一山，营村造一林，娱神定一节，兴文造一台。"

富川的古村落，一般靠近古道或其岔道，村前肯定有河流或溪水，村庄后面肯定有后龙山或树林。村庄的规划更是有文化意蕴，排最前的是祠堂、戏台、书舍和牌坊，后面是民居，村落都有庙宇和石桥。古村肯定还拥有大片田园，田园阡陌纵横、绿野环绕、鸟语花香，瓜果丰盈。

富川古村落的选址，首先在连绵起伏的山脉中寻找最佳位置，这是意象。如秀水状元村的"三江拥戴"气象、福溪宋寨的"濂溪穿越"景观、古城秀山的"龙虎环抱"应景、城北凤溪的"丹凤朝阳"意象等。

富川的古村落，讲究"笔墨纸砚"的布局：村前的古道和弄、里的小巷，便是"笔"街；那伴随古樟树的池水，自然就是"砚"池；池水边常有大型的长条石供人歇息乘凉，那是条"墨"；其中不乏风水堪舆之学与五行相克之术亦蕴含其中。富川现存的古村落，本身就是一道人与自然完美结合的靓丽风景线，是中国古代设村立寨宜居生活"天人合一"的经典诠释。

就目前现存的富川古村落来说，相当一部分是唐宋时期的村落，但均为明清时代建筑。因唐宋时期大量的外来移民（主要是湖南、广东、福建）迁入富川地区定居，他们在这里拓荒种地、经商办学、安家立业、生息繁衍，从而致使一座座建筑风格各异的民居拔地而起，形成了一个个群居模式的古村寨。富川的本土学者将这类民居特色概括为"飞

檐翘角马头墙，玉题杆栏万字窗，素瓦灰墙斜山顶，龙头凤尾伴太阳"。

富川传统村落主要有以下几种风格类型：

一是徽派楚风型。古富川属楚地，亦为楚文化对百越文化的濡化滥觞之域，至今富川古民居仍保存着楚族居住文化的遗风。如"干栏"和"山墙屋"，再加上富川历代驻兵，中原官兵退伍解甲定居富川后，把中原建筑传统搬到富川或与当地楚、瑶建

▲ 秀水状元楼（谭世光／摄）　　245

▲ 广西非遗溜喉歌歌堂（林振玉／摄）

筑风格融合，形成了独具特色的"徽派楚风型"民居特色。如富川的风雨桥、古戏台和灯楼等建筑，就是典型范例，富川的秀水、福溪、凤溪、东水、东山、深坡等几个著名古村落也是此类建筑风格。

二是围屋城堡型。有人在发家致富或外出做官，功成名就后荣归故里大兴土木，兴建豪宅。模仿城里的建筑风格，把外来的建筑文化和本土文化有机地结合起来，建成了一种土洋结合的民居模式（如秀山村的将军府和染坊庄园，石枧村的七十二榫门，留家湾的杨氏宗祠和几家大户等）。

三是瑶族风情型。历史上，瑶族迁徙频繁，于隋、唐时期就迁入了广西东北部，素有"岭南无山不有瑶"之说。至元末明初，在富川的瑶族人口最多时达到75%。因此在富川的群山中，瑶族古民居如今仍比比皆是。因他们居住的山区交通不便、森林资源丰富，所以，其民居格式一直未变，均为木构干栏式瑶族民居，也有墙体使用夯土墙，其他各构件都以木材为主的，如富川西岭山过山瑶民居——瑶族吊脚楼等。

三、富川传统村落的审美价值

建筑是由建材按一定的范式构建而成的看得见摸得着的物质实体，其集中将某个时代、某个区域、某个民族的图腾崇拜、宗教信仰、民俗风情、文化艺术融为一体，形成特色。富川古村落的建筑艺术风貌主要有四个方面特色：

一是追求形态美。富川古民居在形态设计上都讲究平衡、对称，平衡对称的设计造就了比例的协调，比例的协调很是让人舒心。

二是追求感觉美。建筑的布局、中轴线、体量、装修都讲求和谐统一。统一和谐的整体布局使人的心灵感到愉悦和满足，这种愉悦和满足来自富川古民居特有的秩序和结构。木构建的雕刻出神入化，房檐下的壁画栩栩如生，龙飞凤舞的书法题就的诗词歌赋让人感到意味深长，从而增强了建筑的艺术表现力。

三是追求质朴美。富川古民居普遍保留原材料的本色，青砖灰瓦，即便是贫穷人家使用的泥砖，都与本地土壤颜色相符，保持着乡土材料的原色调、原质地，使其与周围环境融洽、协调。

四是追求自然美。富川古民居注重自然、朴拙、纯真。这种朴素纯真的艺术形式，给人以恬静朴实的美感。富川古民居的外墙基本裸露，不加粉饰，材料原貌原样地呈现在人们的眼前，与远处的黛色山峦、近处的碧田绿野相映成趣，体现了中国文化"天人合一"的理念。

四、富川传统村落的文化内涵

古村落是我们了解年代久远的古文化的窗口，富川的每一个古村落都是一本人文厚重的史书。

除古村落的建筑风格和形式外，戏台、祠堂、书院、门楼、牌坊、天井、窗花、楼阁、店铺、码头等融书院文化、礼堂文化、宗教文化、儒商文化为一体的村落设施，为人们营造了更加浓郁的文化氛围。

富川的古民居，少有北方官宦豪门那样的高宅大院，房屋多局促紧凑，亦无庭院花园之类的附属设施。充分体现了富川人平静、淡定、从容、自信，外朴内秀，不仗势欺人、不狂妄张扬的品德性格、人生追求和思想境界。另外，还值得一提的是那无处不在的楹联书画，更使人仿佛置身于古老历史文化的长廊与园林之中。

五、富川传统村落的文化价值

古村落是研究中国古民居的重要实证，是沉淀中国传统文化的宝库，是中国古代智慧的活化石，活着的文物馆。我国传统村落保护的首席专家冯骥才先生认为："传统村落本身就是最大的文化遗产，其价值不比长城小，因为我们中华民族最深的根在这里面，中华文化的灿烂性、多样性和地域性体现在里面，文化的创造性也在村落里。"传统村落具有文化遗产的属性，同时又是众多遗存单体的有机共生，因此决定了古村落在人类的遗产财富中远胜于其他单体文物或遗址的价值，又基于古村落是现

▼ 国家非遗长鼓舞、蝴蝶歌和瑶族织锦传承（林振玉／摄）

▲ 秀美古村（李成华／摄）

代居民实际使用的活文物，具有比文化遗产更深的内涵和更高的价值。

（一）富川传统村落的文化遗存。潇贺古道给富川带来了不同文化背景的人群族系在此混居，再加上富川境内群山连绵、河流综错，山地、丘陵、盆地、平原并存，且气候宜人，光照充足，雨量充沛，物产丰富，人居环境优越。特有的地理环境和历史人文因素，成就了富川古民居多样的建筑类型和风格，蕴含了深厚的建筑文化和艺术。

富川传统古村落的文化遗存可分为有形（物质）的文化遗存和无形（非物质）的文化遗存。

有形（物质）的文化遗存主体是传统民居，而围绕这些古民居而建的有风雨桥群、古道、宫观寺庙、祠堂书院、门楼、炮楼、戏台亭塔，桥梁渡口码头、牌坊照壁、旗杆石、碑刻、摩崖石刻、古井、泰山石敢当、石墙石阶老巷、河堤河坝水渠、古树、池塘等。

无形（非物质）的文化遗产，如民族歌舞（列入国家非遗的瑶族蝴蝶歌和瑶族长鼓舞）、民族工艺（瑶锦瑶绣、瑶医瑶药、藤编竹编、木工木雕、陶艺瓷器等）、民族节庆（盘王节、招鸟节、牛王节、灶王节、炸龙节、抢花炮、砍牛节等）、宗教祭祀仪式（树神崇拜、雷神崇拜、土地神崇拜等）、武术杂技杂耍、民俗风土、稻作农耕、神秘绝技、名人名宦逸事、传记、故事、风水择吉等，这些元素与内容构成传统古村落的乡土文明，成为乡土文化的重要组成部分。

传统村落中蕴含的物质和非物质文化遗产相互融合、相互依存，同属于一个文化与审美的基因，共同构成了一个独特的整体。从属性来看，传统村落是乡土社会生产生活中的一种活态遗产，是丰富多彩的传统文化资源，对于社会、历史、经济、文化等多方面都具有很大的价值。

（二）富川传统村落文化遗产的保护及传承价值。传统村落是人类历史文明的产物，被誉为"传统文化的明珠""民间收藏的国宝"，成为一笔珍贵的历史文化遗产，蕴含着丰富的哲学思想和意境追求，是人类文明的"活化石"，具有小空间、大社会的特点，涉及社会文化的方方面面，对于文化传承具有很大的现实价值。

富川传统村落是潇贺古道文化的物化呈现，特别在历经千年的战火、洪水等天灾人祸，还奇迹般幸存下来，形成了珍贵的文化遗产，具有历史价值、布局独特科学价值和文化教育意义，是当代中国乡村振兴的重要载体。

一是富含文化振兴价值。富川传统村落形态丰富、特色鲜明，形成了"瑶风楚韵"的独特风格。传统村落不仅是传统建筑的遗存，也是乡村生产生活的载体，更是传统农耕文明多重形态的合体。一些传统村落同时也是历史文化名村，凝聚了宝贵文化遗产和文化价值。

一个传统古村落，就是一段完整故事、一幅田园美图、一方村落文化。富川35个自治区级传统村庄，犹如散落在潇贺古道上的35颗熠熠生辉的珍珠，透过这些珍珠，我们窥见了富川厚重的村落文化、淳朴的民风民俗和各村群众艰苦奋斗的创业历程。弘扬传统村落文化，有利于增强文化自信，振兴民族文化。

二是蕴藏产业振兴价值。古村落文化价值的利用目前主要集中在旅游开发。古村落旅游资源具有历史文化、艺术、教育、经济、旅游的多种社会功能，集建筑、雕塑、绘画、民俗文化于一体，是有着诸多价值属性的综合体，它属于一种复合型基本类型旅游资源，是区域旅游资源的重要组成部分。

产业振兴必须紧紧围绕农民增收致富，立足"绿水青山就是金山银山"，把生态资源优势转化为生态产业优势，大力发展全域旅游、农村电商、特色民宿、绿色资源开发等新业态，促进一、二、三产业相互融合，吸引各地游客聚集。传统村落兼具优美的生态环境、独特的建筑风貌、深厚的文化底蕴，经过高质量的规划设计和设施的现代化改造，以及美丽乡村建设和全域旅游整治提升，借助高端化度假品牌量身打造可以化传统村落为乡村振兴的宝贵财富。

三是具备生态振兴价值。富川传统村落大多位于自然风光优美、地域特色鲜明等具有良好生态的"风水宝地"，有着世外桃源般的自然环境和吸引游客"生态消费"的独特魅力，有着游客向往的"诗与远方"式田园生活。传统村落存续至今是基于天地和谐、天人合一朴素生态观念的深刻认知，折射出中华民族尊重自然、顺应自然、保护自然的人与自然和谐相处生态理念，体现了乡村在生产、生活、生态领域的有机统一。

▲ 过山瑶打油茶（王思隆／摄）

结　语

近年来，富川县委县政府高度重视传统村落的保护、传承与发展工作，坚持以习近平新时代中国特色社会主义思想为指导，深入贯彻落实习总书记关于做好中华民族传统文化保护传承发展的重要论述，积极探索、致力创新传统古村落保护新模式、新方法，走出了一条文旅结合、农旅结合、经农结合的赋能乡村振兴、保护利用传统村落的新路子，并取得了显著成效。中国传统村落岔山村入选第一批"全国乡村旅游重点村"名录和"五星级乡村旅游区"，秀水、福溪、深坡、毛家、罗丰、涝溪源等被评为"四星级乡村旅游区"和自治区级"民俗休闲旅游示范点"等。富川传统村落的保护和发展呈现良好的势头。

在深入推进乡村振兴的大背景下，只有复兴传统村落内在的生命力，利用传统村落优势资源，开发其历史、文化、科学、艺术、经济等的价值产业，探索在"保护中促进利用"，在"利用中得以传承"的有效保护与发展策略，才能从根本上改变传统村落从"空巢"到"弃巢"的现状，让古村落还原，在新时代现代化社会中成为饱含原有的"历史记忆古味、文脉肌理韵味、山明水秀传统味"的生态宜居新家园。

250

▲ 如此人美橙香　何必诗和远方（杨金梅／供图）